その疲れは、最高のツマミになる。

トラックめいめい

KADOKAWA

はじめに

夢と脂肪に満ちあふれた行動力抜群の北海道出身22歳トラックドライバー。それが私、トラックめいめいです。世間では「女性トラックドライバー」として取り上げられることが多いけど、私はその肩書にはあまりとらわれていません。自分ができる仕事を探して見つかったのがトラックドライバーでした。

勉強ができなくて、お金もなくて、見た目にも自信がない。そう思っていた私にとって大事なのは日々幸せに生きること。だから少しでも欠点のない自分を目指して、1分1秒を大切に挑戦し続けています。ありがたいことにX（旧Twitter）のビール投稿で見ていただく機会が増えて、テレビではNHKさんに取り上げていただいたり、民放の動画配信サービスでも『トラックガール』というドラマを作っていただいたり、さらには漫画連載もスタートしたり、考えられない出来事が連続しています。でもみんな感じてると思うんです。「トラックめいめいって一体何者?」って。

この本には「トラックめいめい」がなにを考えているのかをギュッと詰め込みました。ひとつでもいいから読んでくれた人の人生の役に立つと嬉しいです。

「その疲れは、最高のツマミになる」。このタイトルには私がよく言っている「肉体労働後のお酒は最高!」だけではない、特別な意味があります。日々の生活にはつらい、悲しい、悔しい……疲れることがたくさんある。でもそれってしんどいだけじゃなくて、必ず自分の経験値になっています。そう、いろいろな疲れって見方を変えれば幸せ度を上げる「人生のツマミ」になるんですよ。そんな気持ちをこめてつけました。

私のエネルギーの源は、日々の〝優勝〟。私にとっての優勝とは、「肉体労働で疲れた身体にご飯とお酒」という最高の瞬間のこと。優勝の方法は人それぞれで、それはケーキかもしれないし、子どもの顔を見ることかもしれない。大きなことを成し遂げなくても、いちばんになれなくても、見方を変えれば毎日の生活に優勝は転がっているんです。きっとこの本を読んでくださるみなさんもそうだと思います。

この本を読んだら、あなたは自分がすでに優勝していたことを知るかもしれない。

第3章 どうあがいても必要な人間関係

第4章 常に前を向くメンタル思考法

第5章 人生の描き方

編集協力 / 東美希
編集 / 続木順平(KADOKAWA)
ブックデザイン / bookwall
DTP / ニシ工芸
校正 / 鷗来堂

第1章
トラックドライバーという仕事

1 なぜトラックドライバーになったか？

ファッションデザイナーになりたかった高校時代。なんとなく卒業後は専門学校かな～？　なんてぼんやりと考えていた。当時は少ないお小遣いやバイト代をすべて服や美容につぎ込んで、「デザイナーになるための投資だ！」と思っていたくらい。そんな自分がまさかトラックドライバーになるなんて……考えたことすらなかった。

進路決定が差し迫ってきたある日、私は気付いた。「デザイナー、やりたいけど向いてないかもしれない」。ファッションデザイナーになるには専門学校に行くしかない。でも、私は勉強も集団行動も大嫌い。学校という場がとても苦手。「高卒の資格がほしい」という理由だけで進学した私は、高3の時点でみんなとワイワイするのに疲れていて、学校という場所に対して「コレじゃねぇな」という感覚になっていた。ここからさらにまた学校に進学して通うなんて、絶対に無理すぎる。

専門学校に行けばファッションデザイナーになれるのか、ということについても疑問だった。デザイナーになるためには努力だけじゃなく才能が必要だし、街中にいる専門学生の中には一生懸命じゃなさそうな人もいっぱいいるし、そもそもデザイナーの席は少ないから才能があり努力をする人が全員なれるわけでもないし。わざわざ大金を払って専門学校に行くのは、割に合わないギャンブルのように思えてしまう。

そう考えると、もうファッションは「私は与えられる側」と割り切るほうが案外幸せなのかな〜と考えるようになった。どう想像しても、結局デザイナーになれず、なんとなく服に関われる仕事をずるずる続けているイメージしか持てなかったし……。

その生き方がダメなわけじゃないけれど、私は「デザイナーになれないなら別に服に関わらなくてもいいや」って感じ。チャレンジする前に諦めたと言われればそうかもしれないけれど、現実的に考えたと言い換えればいいことでもあるはず。

「やりたいことを仕事にするのはいったん諦めて、できることから仕事を探そう」

憧れを追いかける人生も素敵だと思うけれど、私は「できること」でお金を稼ごう。もっというと、「できないこと」をしなくてすむ仕事を選ぼうと決めました。

高校はなんとか卒業したけれど、勉強嫌いでスキルもない。集団行動も苦手。そんな私ができる仕事……。これじゃないあれじゃないと検索して見つけたのが、トラックドライバーという仕事。

まず、トラックドライバーは入社前にはスキルを持っていなくても大丈夫だった。「免許は？」「運転技術は？」と思うかもしれないけれど、私が入社した会社は、入ってから免許を取るという順番でOKだったので、普通自動車の免許すら持っていなくても大丈夫でした。入社後に免許を取り、４ヶ月新人教育を受け、先輩と仕事をしながら運転に慣れていくという流れ。資格なしの新入社員に優しい会社を選べば、しっかり教育してもらえるはず。

そしてトラックドライバーは基本ひとり。新人教育の期間が終われば、勤務時間のほとんどを占める運転中はもちろんひとり。荷物を積むときもひとり。集荷や配達した先では多少コミュニケーションを取る必要があるけれど、それはごくごくわずかな時間。難しいやりとりは必要なし。人付き合いが苦手な人にとっては、天国みたいな職場。人との関わりが苦手で仕事がうまくいかないという人は、一度本気で選択肢に入れて考えてみてほしいです。

この2点と、「男性ばかりの職場でも馴染めそう」という私の性格、女性の中では体力があるほうだということを踏まえると、ドライバーは「やれる仕事」でした。

ちなみにトラックドライバーの仕事にチャレンジする上で誰もが悩みそうな、力仕事であるという点。高校時代は身体を動かすことが大嫌いだったので、わかります。初めての仕事の日には「人生でこんなに動いたことない！」というくらい忙しくて、「予想の4倍くらい大変！」とびっくりしたし、身体が全然ついてこなかった。

でも、意外となんとかなりました。やっているうちに必要な筋肉はつきます！

こうやって「やりたいことよりできること」で選んだドライバーという仕事は、今では私の天職。夢が、あとから付いてきたんです。

② トラックドライバーの仕事

トラックドライバーになっていちばんありがたいことは、「肉体労働をしたあとのご飯がめちゃくちゃおいしいこと」。その次が「仕事がダイエットになること」。私は、荷物を手で積んで手で降ろす仕事だから、とんでもなく身体を動かす。そうやってヘトヘトになった身体にご飯をいれると、これがもうめっちゃうまい！

最初は体力が足りなくてキツかったけれど、仕事終わりのとびきりおいしいご飯をゴールに頑張っていた。……それで何の経験もスキルもない私が今でも続けてしまうくらい、仕事のあとのご飯はおいしいんです。汗水流したあとのご飯、最高。

しかも、身体を動かしているから食べても食べても太らない。食いしん坊だった高校時代は、2人前食べてちゃんと2人前分太っていたのに、今は、仕事のおかげで2

人前食べても痩せる。つまり、働いてるだけでダイエット！　ジムに行ってお金を払ってやる運動ってやつを、仕事としてお金をもらいながらできる。食べながら痩せられる。これだけで私にとって最高の仕事だといえます。

……って知りたいのは、これじゃないか（笑）。ドライバーはどうやって働いているか。1日の流れはどうなのか。そこらへんのリアルをざっくりお話しします。

最初に入った会社の1日のスケジュールはこんな感じ。

朝6時に出社して60件分くらいの荷物をトラックに積む。午前のうちに秋葉原周辺ですべてを配達。午後は集荷。17時くらいに集め終わり、積んだ荷物を1時間ほどかけて荷下ろし作業。荷物を降ろし終わったら、20トンほどの荷物を10人前後でピッキング作業（倉庫から物を取り出す作業のこと）を2、3時間して20時くらいに仕事終了。

文字にするとたったの4、5行になってしまったけれど、結構ハードなんですこれ。しかも繁忙期だと休憩もほとんど取れずで働きまくり。こんな生活してたら、そりゃ痩せるよ！　これで痩せなかったら嘘だろってレベル。

そして転職した2社目での1日のスケジュールはこんな感じ。

朝5時に出社して、5時半に会社を出発。7店舗ほど回って荷物を集荷し、指定された倉庫に降ろしに行く。私の4トントラック最大積載量ギリギリの2700キログラム、すべての荷物を手で降ろして、会社に戻るのが16時。仕事終了。でもこっちもハードだし、絶対痩せるなってくらい動いていています。トラックの走行距離は1日300キロくらい。

転職して就業時間がかなり短くなったおかげで、自分の時間がしっかり取れるようになりました。しかも勤務時間が減ったのに、給料は上がったんです。やったー！

前の職場だと、疲労困憊で帰宅して寝るだけみたいな生活だったから、なにかやってみたいことなんて考える余裕がなかった。でも転職して、時間の余裕が生まれ、おかげでSNSを始められました。さらには、ドラマ化や漫画化や本まで出せるなんてまさかすぎる。チャンスがたくさんありすぎて、しかもそれにチャレンジできる余裕もある今。ありがたい。ドライバーになってよかったし、転職してよかったです。

3 お金が必要だから仕事をする

ドライバーを始めたてのころの仕事のモチベーションは「北海道から上京してきたんだから、やるしかない」でした。勉強嫌いで自分にできそうな仕事が他に思いつかなかった18歳の私は、「この仕事をやるしかねぇ！」と燃えていた。

上京した理由は、世界を広げたかったから。学校が苦手で集団行動すらできなかった高校時代、「人間関係はもういいかなぁ」と諦めかけていました。田舎特有の閉塞感に思春期のトガリも手伝って「みんな視野狭すぎ！」と感じていたんです。

悩んだ末に、「もしかしたら海外に行けば、気の合う人が見つかるかもしれない」と、日本の外側に希望を見出した。海外に行きたい！って。英語も他の国の言葉もしゃべれないし、行き方もわからないけど、どこかに私が生きやすい場所があるかもしれない、そこに行きたい。そう思って、最初の最初は海外を目指そうとしていた。

けど、考えているうちにちょっと冷静になってきたんですよ（笑）。まだ18歳で札幌での学校生活しか知らない私が「みんな視野狭すぎ！」と決めつけるなんて、それこそ視野狭すぎじゃね？とひらめいた。それならまず、日本の中でもいろんな人に出会えそうな東京に行ってみようかと上京を決意したんです。言葉も通じるしね！

学校生活に馴染めなかった私をリセットしたい。環境をガラッと変えれば、誰も知らない場所に行けば「新しい自分」としてやり直せる。そんな希望もあった。

あとはミーハーな気持ちも少し。ファッションが大好きだった私は、その最前線である東京で、新しい刺激をたくさん受けられることにワクワクした。

「やるしかねぇ」と背水の陣じみた気持ちになっていた理由がもうひとつ。私は「自分でお金を稼ぐ」ということに、ものすごく強い思いがある。そしてそれは、私にとって実家にいると叶わないものだったんです。どういうことかというと……小1のときに両親が離婚して、身体が不自由な母がひとりで私と2人の兄を育ててくれた。そういう環境で育ったから、自分でもお金を稼がなきゃいけない状況だったし、おばあちゃんからもらえるお年玉も大切に使うようにしていた。

だからか、友達に「ランチしよ」と誘われて彼氏の愚痴を聞いているとき、心のどこかで「これで千円かぁ」という後悔が湧いてきちゃって、友達の話に100％素直に共感できなくて……。だからあんまり学校に馴染めなかったのかな、なんて思っちゃうくらい。

そんな経験もあって、「自分で稼いだお金をちゃんと自分で使える」ということに強い魅力を感じている私。もちろん家族は好きだし、助け合うものだとは思っている。でも当時高校生だった私にとってその負担は重くて、「家から出なければ自分のお金を稼げない」というイメージが強まってしまった。

だから私は上京しました。自立して人生を楽しむために、実家から離れた東京という場所で、毎日を満喫してみたい。「だから私はここで頑張るしかないんだ。北海道には帰れない」。それがモチベーションだった。

あ、でも、今のモチベーションは違うよ。もっと平和。自分の成長がモチベーションです。「昨日より1分でもはやく終わらせたい」「どんどん成長したい」という気持ちで、そのために他の人よりもハードに動いていたい。

「今日の私、やったぜ！」って仕事を終わらせたい。「なにもできない私ができること」で始めた仕事の中で、なにかができるようになることが楽しい。

今までの人生の中で、誰かに褒められるとか、なにかを達成するとか、そういう体験があんまりなかったから、ドライバーとして働き始めてから毎日が楽しい。新しい免許を取る、みたいに目に見える形の成長もたくさんあるしね。「できることがない」って悩んでた高校時代の私に、今の自分を見せてあげたいな。

④ 会社初の新卒女性トラックドライバーに

最初に入った会社では、会社初の新卒女性ドライバー。社員１００人中ひとりだけ女性。

でも、不安はありませんでした。

高校のクラスメイトに馴染めていなかった18歳の就職。もはや職場の人が男か女かなんてあんまり関係ないと思っていました。人と関わるのが苦手な私に、そんなことを気にしている余裕なし。

むしろ年上の男性メインの職場なら、ある程度の距離を保って人間関係をつくれるから楽かもしれない？　とすら期待していたかも。

その予感は的中して、私としては年上の男性だらけの職場はむしろ働きやすかった。

私は自信がなくて、自分に価値なんて感じたことがなかった。世の中から見てたいしたわけでもないのに、この環境にいると勝手に自己肯定感が上がるんだ。「かわいいね」って言ってもらえるし。そんなこと、今までの人間関係では考えられなかった。嫌なことも、ほとんど言われたことがないですよ。社外の方から「お前、そんなとこにトラック停めてんじゃねーよ」って言われたくらいで、それは他の人のトラックの邪魔になる場所に停めた私が悪い(笑)。

中学でいじめられて、高校では馴染めなくて、学校自体があんまり好きじゃないし、集団行動に苦手意識があるから、逆に「年上の男性が多い」という環境のほうが気楽に過ごせる。

私に限っていうと、男性だらけの職場に女性トラックドライバーとして入社して、今まで感じていた人間関係のストレスが、いきなりゼロになった。

かといって、仕事の内容で特別扱いされることはないのもいいのかも。お給料は、老若男女関係なく、やった分だけもらえる仕組みだし、私は男性と変わらない業務を任せてもらえている。女性だからって不当な扱いをされることはない。

女性だからこそ出てくる問題は、ゼロではないかな。まず生理のときが大変。眠くなるし、身体がだるいし、頻繁にトイレにも行かなきゃいけない。でも男性メインの職場では、生理なんて事例は全く想定されていない。かなり不調になってしまったときは、働くのがちょっとしんどいかも。理解してもらえるかわからないしね。でも、これは他の仕事でも男性が多いところなら同じじゃないかな？　女性特有の悩みや相談があったら、運送会社でも総務や経理などの事務に女性がいるのでその人に相談できるしね。

あとはトラックステーションやガソリンスタンド、サービスエリアのシャワーに女性用がほとんどないのは少し不便。たったひとりの女性のために専用シャワーを作るってコスパが悪くて無理なことなのはすごくわかるけど、ちょっと入りづらいかも。こんな感じで「女性が使えないわけじゃないけど使いにくい」みたいな場所は割とあって、これから女性が増えていくなら改善していけたらなぁ。

あとは身長の問題。私は１６０センチあるからまだマシだと思うけれど、それでも手が届かない場所がいっぱいある。１５０センチだともっと届かない場所があるんじゃないかなぁ。

「女性だから」で出てくる問題はこんな感じ。ちなみに体力は男女差がすごくある部分だけど、トラックドライバーは運転さえできれば、能力や状況に合わせてできる仕事を割り振ってもらうことができる職業です。積み下ろしが無理なら、ガスとかガソリンとか、人の手では積み下ろしできないものを運ぶのもひとつの手。運転するだけの仕事もあります。

ちなみに私が働いてきた中では差別やハラスメントで困ったことはないです。

ひとついえるのは、たぶんみんなが思ってるよりも運送会社は男女ともに働きやすいということ！

⑤ トラックドライバーがおすすめな理由

今、トラックドライバーはどんどん減っていて人手不足です。やってみたい！と手を挙げれば、誰でもウェルカムで優しくしてもらえると思う。どの会社も「来て来て！」と言ってくれるし、やめないように気遣ってくれるはずです。

面接を受ける前に見学してみるのもいいかもしれない。文字で説明されても、どんな仕事かは見てみないとはっきりとはわからないでしょ。実際に行って見てみたら、職場に馴染めそうかもわかるはず。意外とお願いすると繁忙期とかじゃなければ案内してくれるかも？

私は見学してから入社しました。周りの人が話しかけてくれて、「この子、ドライバーになって東京で働きたいんだって！」といろんな人に紹介していただいて、働きやすそうだなと思えたから入社を決めたんです。

逆に、「ちょっと雰囲気が合わなそうだな」と思ったら、そこはやめておいたほうがいいかも。運送会社に入るだけならそんなに大変じゃないので、自分に合った会社はきっと見つかります。


トラックドライバーは転職しやすいのもいいところ。年功序列ではなくて、業務量に対して賃金が出るという、良くも悪くもめちゃくちゃ公平な仕組み。だから「転職したら今まで積み上げてきたものがなくなっちゃう！」みたいなことがほぼなくて、「この会社ちょっと合わなくなってきたな」と思ったら、また自分に合った場所を探せばいいと思う。転職したから何年分お給料や役職が下がっちゃうみたいなことがない。その会社の規定額が下がったら、収入も下がるけど、お給料を上げたいなら上がる会社を選べばいいし、私みたいに仕事の時間は減ったのに収入は上がる！　みたいな職場も探せば見つかると思う。他のお仕事の転職事情をよく知らないけれど、トラックドライバーは、転職による環境調整も賃金アップも気軽に目指せるイメージがあるなぁ。

もちろん「どの免許を持っているか」は、働き方とお給料に大きく関わってくるけれど、それも支援制度がある会社ならば、費用は会社負担で取らせてもらえることもあるよ。「この会社で○年以上働ける人」みたいな制限はもちろん出てくるけれど、入社前に自腹で学んだり資格を取ったりして未経験を脱出する必要がないのもいいところだと思います。

あと、私が好きなのは歩合制なところかな。これは会社や働き方によるから全トラックドライバーが、というわけじゃないんだけど……。私がリアルタイムアタックみたいにして仕事を頑張れるのは、荷物を運んだ量の歩合でお給料をもらっているから。同じ量のお仕事さえすれば、はやく終わらせてはやく帰れる！　つまり、1分1秒でも切り詰めたいと思うのは、そうすることで結果的に時給がアップするからなんです。成長＝時給アップ。やればやるほどお金になる。私はこの仕事を始めたときに、「1・5人分働いてやる！」と燃えていたけれど、それは仕事に真面目に向き合うという意味だけでなく、単純に「1・5人分の対価をもらってやる！」っていう意味でもあるんすよ（笑）。働いた分だけお金がもらえるっていうのは、やっぱりやる気に直結しますよ、間違いなく。「汗水流して稼いだお金」っていう感覚が強まる気がするんだ。

おかげでお金のありがたみも身に沁みるよ……。

運送業って仕事のすべてが目に見えるからやりやすいんですよ。目の前にある荷物を運べば終わり。答えがひとつではないお仕事だとぐるぐる悩むタイプの私には、やることが単純なトラックドライバーが向いてた！

「トラックドライバーは無理かも」と思っている人ほど、選択肢に入れてみてほしい。楽な仕事ではないけど「想像より働きやすい」「意外と向いてた」という人が思ったよりもいるかもしれません！

⑥ 運転中、眠いときの正解は？

ドライバーが、いちばん気にかけているといってもいい、睡眠問題。

仕事中に眠くならないようにかなり気をつけているけれど、人間だから眠気が突然やってくることもある。誰しも、仕事中に眠くなったこと、あるよね？　ドライバーにとってはそれが命取りで大変なこと。だから私達はかなり注意しています。

まず、眠くなったら寝る！　単純だけどこれがいちばんの解決策。帰るのが遅くなるとしても、眠くなったら30分程度の仮眠を取る。私が乗っている4トントラックには寝台がついているので、トラックを停められるところに移動して、仮眠。例えば、お客さんのところにはやく着きすぎて30分空き時間がある……みたいなときも寝る！

現時点の法律で長距離運転手は4時間運転したら30分休憩が義務だから、その時間も睡眠に充てています。トラックドライバーは、寝るのも仕事と言っても過言じゃない！

　あと、仕事中はお腹いっぱいになるまで食べないようにしてるかも。私のX（旧Twitter）を見てくれている人の中には、「めいめい晩ごはん食べ過ぎじゃない⁉」と思っている人がたくさんいると思うんだけど、実は朝から何も食べてない日も珍しくないんです。私、お腹になにも入ってないほうが仕事しやすいので。

　食べてない理由はもうひとつあって、休憩時間は睡眠に使いたいんですよね。お腹が空くことより、眠くなることのほうが格段に怖いから……。

「サービスエリアで食べるのを楽しみにドライバーしてます！」という人もたくさんいるし、そういう人は私と違う眠気対策をしてるんだと思うよ。食べたあとはしっかり寝るとかね！

　私は、仕事が終わったあとのご飯とビールに楽しみをすべて託しているので大丈夫。終わってから気にせずもりもり食べるほうが好き。ご褒美感あるし、全部終わったあとだからスッキリしてるし、うまいビールが飲めるしね！

　とかいいつつも、私は食べている真っ最中は眠くならないので、高速道路で運転している途中で「少し疲れてるかも？」と思ったら、ひっきりなしになにか食べてることもある。仕事中に食べるも食べないも、眠気の調整のためってこと。

帰宅してからの夜の睡眠もすごく大事。ここでちゃんと寝ていないと、絶対に眠くなっちゃうから。私は、最低でも1日7時間は寝たい派。出社の時間を考えて寝る時間を確保します。おかげで生活リズムが整いました。

私はどんな気分でも夜0時すぎると眠れる体質で、これはドライバーにすごく向いてるなと思ってる。「まだ寝るのもったいないな。自分の時間がほしいな」と思っていても、日付が変わると、「1日よくやった！」と満足して眠くなるんだよね。日付が変わるとめちゃくちゃ夜更かしな気分になる。子どもみたい（笑）。

前の職場に入社したてで、まだ家での睡眠の大事さに気付いていなかったころ。少し夜更かしした日に運転中にミラーをぶつけてしまって、すごく落ち込んだんだよね……。いつも通ってる道で、仕事があと少しで終わりというタイミング。「この荷物を降ろしたら終わりだ！」と思ったら、気が緩んでしまったみたい。睡眠が不足していると、ちょっとしたことがミスにつながるんだよ。恐ろしい。

そこで睡眠の大切さを学んだ私は、今は7時間寝てるってわけです。

これはどんな仕事の人もそうだけど、睡眠不足だとずっとしんどい状態で働き続けなきゃいけない。それって大変じゃないですか？　眠れる時間があるならさっさと寝て、頭も身体もスカッとさせた状態で仕事をして、はやく帰ってまたはやく寝て……というサイクルで仕事をするのが私は好き。無駄につらいの好きじゃないんで！

あと、早寝早起きをすると無駄なネガティブも減る。寝てないとミスが増え、ミスが増えると落ち込みも増えるから、ネガティブサイクルにハマってしまう。

ここまで書いてみて、我ながらやっぱり天職だなーとテンションが上がってきたので、これからビール飲んで寝ます。なんと明日はお休み。10時間寝るぞー！

7 仕事の切り替えスイッチはうまいビール！

私がＳＮＳに載せている食事の写真は、お昼ごはんを食べる時間もなく、一生懸命働いてへっとへとになりながら全部終わらせたあとの、最初のひと口。その最高のひと口を飲んだときの顔です。

例えるなら、３日間水を探し求めて砂漠を歩き続け、やっと水源を見つけてお水が飲めた……みたいな状況。想像してみてください。それです。

お酒は私にとっての切り替えのスイッチ。ドライバーはお酒を飲んだら、その瞬間からアルコールが抜けるまでは絶対に働けません。

１２０％の力を込めて仕事をして、疲れた身体を完全オフモードにするためにぐいっと優勝！　その瞬間から仕事をスパッと自分の身体から切り離し、お休みモードに入る。このひと口、1日の達成感と疲労でビールがめっちゃくちゃうまいんです！

当たり前ですが、私はドライバーなので節度を持ってお酒を飲んでいます。飲酒量も多くなく、仕事前のアルコールチェックで引っかかったことはもちろんただの一度もありません。「どれくらいの量なら仕事に全く支障がないか」をしっかり理解してお酒を飲んでいます。さらに、運送会社を始めとする「車を運転する仕事」の会社は、絶対に問題が起きないように、飲酒に関しては特にしっかりとドライバーをチェックして管理しているのです。

自分にとってのお酒の適量を理解する。どんなときも節度を持ち、「絶対に大丈夫」のさらに手前で飲み終わる。お酒だけではありません。睡眠の量や疲労なども含め、しっかりと体調管理もしています。

「私は自分自身をきちんと管理している」。そう自信を持って言えるから、私は「帰ったらビールがある」をエネルギーにして、荷物を降ろす手に力を込められるんです。

8 大きいほうが運転しやすい、は本当

ドライバーの仕事を始めるまで、ほとんど誰もトラックに乗ったことがないんですよ。だからみんな最初はきっと運転が下手。でも乗る回数が増えれば増えるほど、うまくなるのがトラックの運転です。まず教習所で、路上に出るために必要な感覚をつかみます。そのあと、実務で路上を運転していくうちにどんどん車両感覚（車の幅や車から障害物への距離の感覚）がつかめて、さらにうまくなります。量、大事。

「でもトラックって普通車よりめちゃくちゃ大きいから難しそうじゃん」と思うかもしれないけれど、実は普通車よりもトラックのほうが運転しやすいんです。

なんでトラックのほうが運転しやすいかというと、そりゃもう大きいからです！

私が乗っているトラックは運転席が高くて、3台先の乗用車まで全然余裕で見える。

ミラーは大きいし、バックモニターもついている。普通車両と比べて、道路の状況を把握する力が段違いなんです。トラックドライバー仲間に聞いても「乗用車のほうが苦手！」という人のほうが多いんじゃないかな？

かといって、「周りの車が小さいから怖い」みたいなこともない。これは感覚的な話で伝えるのが難しいんだけど、それが当たり前になるというか。車両感覚がついてくると、「大きいトラックに乗っている」のが当たり前の感覚になるというか。

例えば、身長が１８０センチある人だって、常に「俺の身長は１８０センチだ。高いな」と思いながら生活してるわけじゃないですよね。それと同じ。意識するタイミングはあるけれど、常に感じるわけじゃない。

運転すればするほど、自分と車両が一体化していく感覚になってくる。この感覚が繊細になってくると、道をパッと見ただけで「この角は一発で曲がれる！」「この幅にはギリギリ入れないな……」なんてことがわかってくる。

もちろん車両のことだけじゃなく、道のことも覚えるよ。日々同じところを通っていると水たまりができやすい場所とか、ボコボコしているところとかを把握できる。そうやっているうちに、運転中に素早く判断できることが増えていくんです。

トラックは例えるなら「象」です。自分は象さんだ！　という感覚で、優しく動くことが絶対に必要。周りの小さい車とうまくやっていくには、大きくて力があることを自覚して、その分優しくならないとダメなんです。

サイズ感が象さんのトラックは、存在感があります。荒い運転をしても目立つし、丁寧な運転をしても目立つ。会社の看板を背負っている私達は「丁寧さで目立つ」を心がけないといけない。だから私は、常に誰かに見られてると思いながら運転してます！　事故を起こさなければいいわけじゃない。その道を使うみんなが心地よく運転できるように、丁寧に。それがトラックドライバーのプロ意識です。

そして、できるだけ普通車のみなさんに配慮する。これは「そっちのほうが効率がいいから」という理由もあるんですよ。車高の高い私達のほうが、周りのことがよく見えている。「今、こっちが止まったほうがスムーズだな」「ここは私が行くべき状況だな」みたいなことを判断しやすいのは、遠くまで見渡せるトラックのほう。

だから、周りに配慮して、トラック運転手側が判断していくことは、大きい車両に乗っている人が持つべき責任でもあると思ってます。私はね！

9 トラックだって怖いときはある

トラックは視野が広くて運転しやすいと言ったけれど、大きければ大きいなりに大変なこともいっぱい。運転中はずっと集中するものだけど、特に気をつけなきゃいけない瞬間がいくつかあるので、ちょっとそのお話をさせてください。

まずは右折や左折、バック。ハンドルを切るとき、方向を変えるときはかなり集中してます！　特にバックのときはかなり慎重。ミラーやバックモニターでしっかり見ていても、「意外と天井が低いかもしれない」とか「死角から人が飛び出てくるかも」とか、あらゆる可能性に気を配って、「かもしれない運転」を徹底。

あとは天候が悪いとき。雨が降っているときや、風が吹いているとき。雨は視覚がかなり遮られるし、「思いっきり滑るんじゃないか」という恐怖もある。特に強風はトラックの大きい車体が煽られやすくて「ひっくり返るんじゃないか」とドキドキ。ハンドルを握る手に力を込めて、緊張感を持って運転します。

きっとこのふたつは、読んでるみなさんの想像通りだよね。知ってる知ってるって思った？　もちろんまだあるよ。

天候が悪いとき、さらに慎重になるシチュエーションがあります！　それは、「荷物を積んでいないとき」です。荷物をしっかり積んでいるときは、重さで安定感が増すんですよね。風にも煽られにくくなる。でも、荷物を積む前や降ろしたあとだと、大型トラックは車体の大きさの割に軽いから、どうしても安定感がなくなってしまう……。

そのときのイメージをわかりやすく伝えるとしたら……風の強い日に開いている傘が煽られているときの不安感を想像してもらえると、近いかもしれません。あれ、結構ヒヤヒヤするでしょ？　空っぽのトラックは、それくらい不安定です。

そして、そんなトラックを死角から追い抜くバイクも危ない！　めちゃくちゃびっくりします！　外から見たら荷物が入っているかなんてわからないから仕方ないことですが……。でも、とりあえず「このトラックには荷物が積まれていないかもしれない運転」を常にしていただけると安心です。特に風が強い日はよろしくお願いします！

ちなみに、同じトラックドライバーから見ると荷台の揺れ方で「あのトラックなにも積んでないな」って丸わかり。それくらい違うもんなんですよ。

さらに、高速だとよっぽどのことが起きない限りは止まれないという恐ろしさも。恐怖を感じながら、走り続けなければいけない。これは結構緊張感があります。

ひどい暴風雨とかだと、会社から「今日はこれ以上運転せず、近くのパーキングで休んでください」と言われたり、自己判断で「これ以上は危ない！」と運転をやめて車中泊をすることもある。それくらい危ないんです。悪天候の中の運転は。


こうやって考えると、トラックドライバーってかなり危険なお仕事。

高校生のころ、なにもできない自分ができるだけいいお給料をもらうには？と探して見つけたドライバー。でも、やってみたら「他の仕事よりお給料がいいのは当たり前だな」と思う。だってこんなに危険と隣り合わせで、技術と注意が必要なんだから。自分で言うのもなんだけど、トラックドライバーはもっともっと待遇や労働環境がよくなってほしい仕事のひとつだと思う。

10 歩行者および運転するすべてのみなさまへ トラックドライバーからのお願い

そう、トラックは危ないんです。道を歩いている人や、普通車両に乗っている人のほとんどはトラックを運転したことがないから、きっとドライバーがなにを考えて運転しているかを知らないと思います。歩行者や普通車両のみなさんにご迷惑をかけないよう、プロである私達トラックドライバーが、きちんと配慮する。これは当然の前提として。でもでも、少しだけみなさんにお願いしたいことがあります！ どんなに気をつけていても、不意の一瞬の出来事で大変なことになってしまうのが交通事故。私達も気をつけますが、危険なシチュエーションをみなさんに知っていただいて頭の片隅に留めておいてもらうだけで、さらに事故が減ると思うので、自分を守る知識のひとつだと思って聞いてもらえると嬉しいです。

まず、トラックは急に止まれません。急ブレーキを踏むと荷物が崩れます。また積み直せばＯＫ！くらいな崩れ方なら全然急ブレーキ踏みますが、そうじゃない場合も多いんです。

極端な例をあげるなら、鉄骨を載せている場合。ブレーキの反動で鉄骨が飛び出して、運転席にいる自分や他の車に刺さる可能性があります。だから急ブレーキを踏まなくてすむように、私達ドライバーはたくさん工夫をしています。わかりやすいところだと車間距離を十分に取ること。でも、車間距離をあけていると「ありがとう！」って勢いで入ってくる普通車両の方がかなりいます。「危ないから気をつけたほうがいいよ！」と私達は思っています。

さっきも書いたようにバイクのすり抜けは、いろんなところでよく注意喚起されているけど、本当に危ないと思う。特に多いのは、「サンキュー事故」と呼ばれているもの。道を譲ってもらったとき、みんなもそうだと思うけれど、トラックドライバーもちょっと急いでしまうんだよね。あの瞬間に、すり抜けバイクが死角から飛び出てくると、トラックは急に止まれないので事故になりやすいです。名前がついてるくらいだから、かなり多い事例。

すり抜けるだけなら大丈夫でも、直後に急ブレーキを踏むことになる他の不測の事態が起きたら？　積み荷が高級ワインで割れてしまったら？　もしかしたら事故に巻き込まれるかもしれない。想像したら怖すぎませんか？　トラックを運転してから、絶対追い抜けなくなりました。命の危険を強く感じる。

あと、これは絶対危ない！と思うのは、こちらがもう曲がり始めているのに割り込んでくる車。ウインカーを出さずに割り込む車。

これらはすべて相手側の道路交通法違反だったり、マナー違反だったりするけれど、どっちが悪いとかそういう話抜きにしても、危なすぎるからやめたほうがいいよ！という感じ。大怪我したり命を失ったりするのは嫌でしょ？「車両が大きいほうが気をつけるべき」なのはもちろんだけど、自分や周りの状況を過信せずに、危ないところには突っ込まないようにしてほしい。

最後にもうひとつ。交通事故では大型車のほうが責任が大きいとはいえ、歩行者や普通車両側の完全な過失で事故が起きてしまった場合、その賠償金はとんでもない額になることもあります。例えば、道を走っていて隣にフェラーリが走っていたら「事故を起こしたら大変だ」と気を引き締める人も多いはず。でも、トラックだとどうでしょう？　実はフェラーリよりも恐ろしい賠償が待っている場合が多いんですよ。

もしかしたら、その大型トラックにはフェラーリの部品が何十台分も入っているかも……。高級車の部品ではなく、普段は気にも留めない100円の細いペンだったとしても、何十万本も載せて走っているかも……。商品が壊れなかったとしても、「事故で強いショックを受けた」と売り物にならなくなるかも……。すべて弁償となったら、かなり大変です。トラックの荷物は見えないから認知していない人も多いけど、たとえ人に対する被害がなかったとしても、トラックの荷物が破損してしまったら、かなり高額ってことは知っておいてほしいかも。空っぽのときも、もちろんあるけどね。

私達ドライバーは、プロとしてしっかり気をつけます。でも、みなさんも協力してくれれば道路がもっともっと安全になる。

図々しいかもしれないけれど、ドライバーの立場からお願いさせてもらいました。運転するとき、頭の隅に置いておいてくれると嬉しいです。

11 2024年問題がよい変化のきっかけになってほしい

みなさんにはあんまり馴染みがなさそうだけど、知っておいてほしい物流の話題として「2024年問題」があります。今とてもタイムリーな問題なので、これも少し説明させてください！

「2024年問題」とは働き方改革に関連する法律の改正により、トラックドライバーが1年間にお仕事できる時間が減ることで起きてしまう問題のことです。

労働時間が減ると、良くも悪くもひとりあたりがこなせていた仕事量が減る。もちろん労働時間が短くなるのはいいこと！　私もはやく帰りたいからわかる！

でも、当たり前かもしれないけれど、その分お給料も減ってしまうんです。働く時間が減るから仕方ないとしても、「今まで稼げてた金額が稼げなくなる」って、結構大変なこと。「お給料が減るくらいなら、今まで通り長い時間働きたい」という人もたくさんいるんです。自分で納得して長時間働いていた人達が、「勝手に労働時間を減らされて、お給料まで減るなんて！」と思ってしまう気持ちもわかるなぁ。

私はたぶん同年代の女性よりも比較的たくさんのお給料をいただいているほう。なぜならそれは「トラックドライバー」という仕事を選んだから。こんな私でも、平均よりもお給料がいただける……というのがトラックドライバーという職業の魅力だったはずなんですよ。でも、それが変わっちゃうかもしれない。

今まで話してきた通り、トラックドライバーというお仕事は「技術や注意が必要で、事故のリスクもある代わりに高めの収入が得られる」という点が魅力だったはず。給料が下がってしまうと、やめる人も出てくるでしょう。志望者も減るかもしれません。ただでさえ人が足りていない業界なのに、それがさらに加速してしまう可能性も高いんです。

これって物流業界に身を置く人たちだけの問題じゃない。みなさんが当たり前にネットで買って次の日に届いているものたちが、届かなくなるかもしれないんですよ。

今までは気軽に再配達をお願いできていたけど「希望通りの時間に再配達はできません」と言われるかもしれない。送料無料がなくなるだけじゃなく、もとより高い送料を払わなければならなくなるかもしれない。そうなったとき、初めて世間が問題に気付くんじゃないかな……と私は予想中。

でも、もっとはやく気付いてほしいな、と思ってこうやって書いています。

私はこの「2024年問題」が、いい方向に進むきっかけになればいいなと思っています。今まで変わってなさすぎたトラックドライバーの労働環境について、まず勤務時間に注目してもらえた。これはとてもいいこと。

先輩のおっちゃんドライバーから聞く昭和武勇伝だと、今からだと考えられないくらい酷い話が多い。1日2時間しか寝ずに運転しっぱなしとか、仕事が終わっても家に帰らず次の仕事まで寝台で寝るとか、2日間運転しっぱなしとか、まじでとんでもねぇ話がめちゃくちゃあったらしい。

トラックって会社の持ち物であることが多くて、本体価格も維持費も高いから、会社としては「稼働時間が短ければ短いほど損する」状況。だから、ドライバーに動かしてもらいまくって利益を上げたい！　というところも少なくなかった。

そういう話を聞くと、「2024年問題」が始まる前段階である今の労働環境すらかなりいいものに見えるし、長い目で見たらしっかり変わってきたんだなと感じる。法改正でしっかり休める勤務時間に改革したあとに、賃金を前くらいもらえるように改革してもらえるなら、さらにいい変化になると思う！


だから、この「2024年問題」は、ただのきっかけで、「長い目で見たらしっかりいい方向に変わってる」の始まりであってほしい。「一瞬働きづらくなったけど、おかげで結局かなり働きやすくなったね」ってドライバー仲間と話せるようになったらいいな。

私みたいなペーペードライバーがなんとかできる話ではないし、口を挟めるようなことではないと思う。でも、多くの人に知ってもらえたらなにかが変わるかもしれない……。そんな祈りも込めて、説明してみました。

トラックめいめいがきっかけで、家に運ばれてくる荷物のことや運んでるドライバーのことに、ちょっとだけ関心を持ってくれると嬉しいです。

⑫「トラック路駐問題」＝「待機スペースない問題」

もうひとつ、ここで話しておきたいトラックに関する問題があります！　それは「トラックの待機スペースがない」問題。

例えば、東北から東京まで朝7時納品で荷物を運んで来るとする。トラックは夜中に走り始めるので、先方との約束は朝7時でも4時に到着してしまう……なんてことがよくある。でもそうなったときに、待機する場所がないんですよ！

トラックが列をなして路上駐車をしている光景、見たことないですか？　法律違反で悪いことなんだけど、そもそもなぜあれが起きるかというと、そう、待機場所がないからなんです……。ドライバー側から見ても、あれは違法で社会的によくないし、さらにマナーも悪かったりして、「ドライバーの好感度を下げるからやめてくれ」と思うような光景ですが、「どうしようもないんだからしょうがねえじゃねぇか！」と言いたくなる人もいるだろうということもわかります。

トラックの路駐はダメなことだけれど、そうしている人も「面倒だから適当に停めている」わけではなく、そもそも環境が整備されていないという問題がある。許してくれと言うわけじゃないよ！　でも、背景にある問題を解決しないと、個人の努力ではどうしようもない部分もあるっていうか……。

停める場所がないなら約束の時間までトラックをずっと走らせればいいんじゃない？と思うかもしれない。けれど、夜間まるごと高速で車を走らせていた身体で、そのまま運転するなんて疲労と眠気が恐ろしい。事故を起こしたら大変。それなら命に関わらない路上駐車のほうがマシ……。という苦渋の選択の場合もあるということなんです。本当は、どんなトラックドライバーだって路駐なんてしたくないと思うよ。路駐での睡眠じゃ身体も心も休まらないし。

だから私は、この問題を解決する策を考えて動いていきたいと思ってるんだよね。私が関わってプラスになることがないか模索中！　待機スペースがちゃんとあちこちにあれば、路駐するドライバーは減るはずだから！

「トラックドライバー」に興味を持ってもらえる入り口にちょっとだけなれた気がする私。私達ドライバーの仕事や労働環境、抱えている問題について少しでも多くの人に知ってもらうことのお手伝いがしたい。あわよくば、問題解決の足がかりになりたい。みなさんに注目してもらえたってことは、それが私の役目かもしれないなって少しだけ感じてるんだ。もちろん同じドライバーの人たちから見てもらえることも嬉しいし、一緒に考えていけたらもっといいなーとも思ってるよ。

13 トラックドライバーの雑学

ここまで読んで「トラックドライバーってそんな感じなんだ！」と新しい発見はありましたか？　ドライバーじゃないと知る機会がないことってすごく多い。私も仕事で知って驚いたことばっかりだよ。

せっかくなので、ついでにまだまだあるみんなが知らなそうなトラックやドライバーの雑学的なことをお伝えします。興味があったら読んでね！

まず、深夜の高速道路はほぼトラックしか走っていないです。信じられないくらいの量のトラックが、高速道路を走っています。

その理由は、深夜割引。今は、0時を過ぎてから高速道路に入ると、高速料金が3

割引になるというシステムなんです。毎日毎日、高速道路で長距離を走るトラック輸送にとっての3割。会社の収益的にめちゃくちゃでかいから「高速道路に乗るのは0時以降」みたいなお達しも出る。どの会社のトラックもこぞってその時間に料金所を通るのでかなりの大混雑で、渋滞が起きたり、料金所付近で0時待ちするトラックもいるしで、問題視もされている制度。この縛りさえなければもう少し快適に長距離運転ができるのに、はやく帰れるのに……という感じで、この制度をなんとかしてほしいという声が上がっているんです。2024年を目処にどうやら少し見直されるらしい。しっかりよくなるといいなぁ。

そしてもうひとつ。「大型トラックの燃料タンク容量は600リットル」。これびっくりしない？　ガソリンとか軽油が600リットル入るんだよ。調べてみたら、軽自動車は30リットルくらいらしいから、その20倍。そしてガソリンは1リットルが約0・75キログラムだって。つまり600リットルで450キログラムです。燃料だけで450キログラム。ガソリンがその重さ入ってて、その量のガソリンがないと目的地まで進んでいけない。そう、大型トラックはその名のとおり大型なのです！

あと、みんなが結構喜んでくれる情報としては、「大型トラック用の洗車機がある」ことかな？　ガソリンスタンドで普通車を洗車する機械のめちゃくちゃでっかい版があります。小さいころ、洗車機に入るとワクワクした！って人はたくさんいると思う。

あとは細かいところだと、トラックドライバーは安全靴を履いて仕事をしている人が多い、とか？　もしも重い荷物が落下してしまった先に足があったら大怪我になってしまう。だからみんな安全靴です。意外とヒヤリとすることが多いんだよね。ぶつけることも多いし、機械も使うし……。

そして、トラックドライバーは「ひとりあたりのコンビニ消費量」がトップの職業らしいです。これもちょっと面白くない？　休憩時間や運転中になにかを飲んだり食べたりすることを仕事中の楽しみにしている人も多いからかな？　1回あたり1000円くらい使う人も少なくないらしいです。休憩時間に心をオフにするために、コンビニで買ったものを食べるっていう人もいるし、ありうる話ですよね。

こういう細かいことも、トラック業界を全く知らない人に向けて、どんどん発信していきたいなと思ってる。問題点とかばっかりだと、なんか難しいじゃん！　いろんな方向からの情報があるほうが、その職業のことを深く知れる気がしない？

「いつご飯食べてるの？」「どんなものを？」「1日何件仕事があってどういうスケジュールで動くの？」みたいなことって業界によってきっと全く違うから、なんだか気になりませんか？　私はドライバー以外の職業のことをあまり知らないから、違う職業の問題点みたいなものも知りたいし、「えっ、意外！」と思うようなどうでもいい豆知識も知りたい。単純に興味津々！　この本を担当してくれている編集者さんのお仕事のあれこれも「気になる」って思っちゃったけど、みんなは違うのかな？

まぁ、私はそういうタイプだから、私からもドライバーの豆知識もガンガン出していって、みんなにドライバーのことを伝えていきたい。荷物の積み方の写真を見せたりとか、届けるまでの様子とかもいつか発信してみたいなと思ってるよ。それを見たフォロワーのみなさんが、トラックドライバーというお仕事を少しでも身近に思ってくれたらいいな、なんて。

第2章

人間めいめいの日常の心がけ

①「仕事でストレスがたまらない」を最優先に

私の場合、仕事の時間はプライベートの時間よりも長い。仕事が充実してないとプライベートにも絶対に影響がある。だから、仕事をいちばん大事にしてるかも。でも「やりがいのある仕事を」とか、「楽しく働きたい」みたいなことは意外とどうでもいい！　じゃあ私が最優先にしているのはなにかというと、「ストレスがない」こと。ストレスがないって「ミスなくスムーズに仕事が進む」ことだと思う。「私がいたからこの仕事が進んだ」って自分の存在価値も見つけられればなおよし。この状態でいられれば、仕事は勝手に楽しくなるしやりがいも勝手に見つかる気がしてる。

そう考えるようになったのは、高校時代のバイトがすごくつらかったからです。「バイトぐらいで！」と思われるかもしれないけれど、結構大変だったんですよ……。

「仕事は見て覚えろ！」という指導法。先輩の口癖は「社会の厳しさを教えてやる」。マニュアルもなく、丁寧に教えてもらえることもなく、仕事内容を説明してもらえても一気にまくし立てられて終わり。

高校生で頭もよくなかった私が、そんな環境で仕事が覚えられるわけもなく。当時は仕事初心者だったこともあって「仕事としてお金をもらうのであれば、ひとつのミスも許されない」「間違うのはすべて私が悪いせいだ」と思い込んでいて、失敗する自分のことが許せなかった。店長や先輩は、ミスをする私のことを怒鳴り飛ばすばかりでアドバイスはくれない。「なんでミスしてしまうのか」「どうすれば防げるのか」を見つけられないまま、失敗が積み重なる。ミスする自分には価値がないと、どんどん自信を失って、そのせいでまたミスを繰り返す。そんなバイト生活。

家に帰っても「なんでミスしてしまったんだろう」、「ミスをしないためにはどうしたらいいのか」なんてぐるぐる考え続けて、夜は眠れない。もちろん考えたところで答えなんて出ない。だって高3の居酒屋バイトのミスなんて、「注文を間違えた」くらいしかないいんだよ。そのミスを絶対になくす方法が見つかるわけなんてない。

自分のミスとは別に、店長や先輩の機嫌も観察しておかないと、よりひどい怒られ方をする環境でもあり……。ここまでくると、お休みの日まで仕事への自信のなさに侵食されて、毎日を楽しめなくなっていた。今思えば、抑うつや適応障害なんじゃないか？と思うくらい、しんどい気持ちで過ごしていたなぁ。

そんなふうに居酒屋バイトを1年半続けた結果、私は「働く」ということが怖くなってしまったんですよ。他のバイト先を探せばよかったのでは？と思う人もいるだろうけど、あまりシフトに入れない学生を雇ってくれる店はほぼなくて、そこがやっと見つけた働かせてもらえる場所だった。だから「ここで働くしかない」って追い詰められていました。今思えば、「そんなに自分を追い込まなくてもいいでしょ！」と思えるけど、当時の私にはわからなかったなぁ。

その経験もあって、仕事はストレスがないことがいちばん大事だと思っています。

そして、私にとってトラックドライバーは本当にストレスのない仕事なんです。

18歳で入った会社は、取り返しのつくことは笑い話にしてくれた。考えて改善できることとできないことがはっきりしていた。ひとりでできる仕事だから「周りの人」

自体がとても少ない。だからその場にいる人達は「どうサポートするか」を考えてくれて、萎縮する必要がなかった。会社の雰囲気もあると思うけれど、すごく働きやすい環境でした。同じミスをしないように気をつければ十分だということを、トラックドライバーという仕事に教えてもらいました！

仕事は人生に大きく関わるものだけど、プライベートの幸せまで侵食されるのは私は嫌！　だから「仕事でストレスがたまらない」を最優先にして、人生を組み立てていきたいなと思っています。仕事への考え方はひとそれぞれだけど、私みたいに仕事に苦手意識がある人にとっては、「仕事がいちばんじゃないからこそ、仕事選びをいちばん大事にする」って、結構重要なんじゃないかな〜。少なくとも私はそう！

ひとりで自由にやれて、会社が合わなければ転職もしやすいトラックドライバーは、自分の幸せを大事にしながら働けるいい仕事です！

② 必要以上に責められない環境へ行く

私が上の立場になったら絶対に怒らないようにしよう！と心に決めてます。ミスをなくそうとすることも大事だけれど、周りがミスをどうサポートしていくかのほうが大事だなって、自分が怒られたからこそ思うから。

大ベテランの人が若い新人さんを怒鳴ってるのを見ると、「なんで後輩にそんな感情的になれるんだろう……？」と思ってしまう。経験が全然ない子に激しく怒ったって、昔の私みたいに気後れしてさらに失敗を重ねていくだけじゃない？

もちろん、失敗した側の態度も関係すると思う。「ミスしたことを絶対に怒るな」って考え方なわけでは全くないです。ミスをした人が普段どれくらいのエネルギーで働いていたかも重要なはず。新人のころの私は「自分の出せる100%の力でもまだ足りない！　1・5人分働いてやる！」という勢いで働いていました。そんな姿勢で働きながらのミスだったから、会社の仲間達はミスを笑い話にしてくれたのかなと思います。

逆に、ぐうたら適当に手を抜いて、その結果で起きたミスなら怒られても仕方がない。怒られても理不尽だとは思わない。だってきっと、防げたミスだから。

とか言っている私も、トラックドライバーになってからかなり怒鳴られたことがある。いちばん怒られたのは、運転中にミラーをぶつけてポッキリ折ってしまったとき。人や車にぶつけたわけじゃなく、ミラー以外の被害はなかった。でもめちゃくちゃ怒鳴られた……。これは車をうまく運転できなかった話だから、もちろん集中できていなかった私が悪い。でもやっぱり、大声で怒られてからしばらくは必要以上に縮こまっちゃった気がするんですよ。私が悪いんです。わかってます。でも、真面目に仕事をやっていると怒られなくても凹んで反省するんです。……せめて私は後輩に怒ることがないように、凹みをフォローしてあげられる存在になりたい。

感情的に怒ったりするよりも、「どうしたら繰り返さないか」を一緒に考えつつ、自分を追い込みすぎないようになぐさめたりもする。そんな先輩になりたいなぁ……。命に関わったり、大きすぎる迷惑をかけたりするものじゃなければ、失敗は悪いことじゃないと思う。少なくとも、私はそう思います。頭ごなしに失敗を叩く大人もいるけれど、失敗せずに大きくなった人はいない。だから、「その1回の失敗でどれだけ成長できるか」と考えて、本人も周りの人も動いていくことが大事なんじゃないかな？　まだ20代前半の若輩者だけど勝手にそんなことを考えています。

いつか私がいい先輩になれたらいいなと思いつつ、今はまだ後輩の身分なので、できるだけ失敗を減らしつつ成長していこうと思います。自分が知らないことでミスしたときに注意してもらえるのは本当にありがたいことなので、先輩からなにかを教えてもらえるときはしっかり話を聞くことも大事にしています。

だから先輩たち応援してください！　お願いします！

3 仕事よりも自分の時間に価値を持たせる

言われたらやるしかねぇ。

運送会社に入りたてのころは完全にそう思っていた。自分のノルマだった仕事が終わって、会社の人から「もう1本走れる?」と聞かれたら、「はい!」以外の返事を思いつかなかった新入社員時代の私。

断るのが、すごく苦手だった。相手の期待を裏切ってしまうみたいで、なんだか心が痛む。頑張ればできなくもないから、断ったときには「できるのにサボってしまった」みたいな謎の後悔がつきまとう。さらには頼まれるままに動けば、職場で必要とされる人間になれるかな?という気持ちもあって、すべてのお願いに「はい」と答えていた。

そう、必要とされたいから全部引き受けちゃうタイプだったんです。これってきっと私だけじゃないよね。仕事じゃなくても、「つい引き受けちゃう」「断れない」っていう人、多いんじゃないかな。

でもさ、なにか頼みごとをしてくる人のうち、少なくない数の人が「誰でもいいからコレやってくれないかな」くらいでお願いしてるんだよね。そのとき選ばれるのは「必要な人」じゃなくて、「断れなそうな人」。

「自分ができないことを尊敬している人にお願いしてみよう！」みたいな話じゃなくて、「できれば自分でやりたくないから、面倒臭くならない人にやらせよう」くらいの感覚。つい引き受けちゃう人は、自分にその「面倒じゃない人に適当に頼む」という感覚がないから勘違いしちゃうんだよ。「私、必要とされてる！」って。

でも実際のところは都合よく使われているだけ。頼んだ人は、私のことを必要と感じているわけではない。それどころか、感謝すらしてないパターンもかなりある。

それを実感することになったのは、たまたま小さなミスをしてしまったときでした。

いろんなお願いを引き受けてきた人から、たった1回のミスをめちゃくちゃ責められたんです。正直「えっ⁉」って感じ。ミスはもちろんしちゃダメ。だけど、これだけいろいろと自分の仕事ではないことを引き受けてきたのに、たった1回の凡ミスでそんなに責められる？って悔しくなっちゃった。取り返しのつかない大きなミスだったなら、私だって反抗せず怒られる。でも、そのときのミスは私の手間が少し増えるくらいで誰にも大きな迷惑をかけないくらいの、よくあるミスでした。

なのにしっかり100％で怒られて、「けど、いつも頑張ってくれているのは知ってるよ」みたいに少しだけ励ましてもらえることもなかった。

「今回のミスはよくなかったけど、あなたはうちの会社に必要な人だからね」と思ってもらえてるとは全く感じない対応だった。そのときに、「頼まれごとを頑張ってこなしても、必要な人間になれるわけじゃない」とわかったんです。

むしろ「頼んだことはなんでもミスなくやってもらえて当たり前」になってしまう。感謝されることはなく、断ったときや迷惑をかけたときにイライラされる存在になる。それって損だよね！　だから私は「断れない」をやめました。

でも、それまですべて「ＹＥＳ」で引き受けた人間にとって、ＮＯを言うことって結構厳しい。「勇気を持って断ればいい」みたいな言葉をよく見かけるけど、それができれば苦労しないよ……って呆然としちゃいません？　少なくとも私はそういうタイプ。

私がその葛藤をどうやって解決したかというと、「仕事をしていない自分の時間の質を上げる」です。遠回り！（笑）

例えば、頼まれごとを断って家でだらだらＹｏｕＴｕｂｅを見てるだけだと、断った罪悪感が生まれるでしょ？　本当はそれでもいいはずなんだけど、「頼まれたら断れない」精神の私は無理だった。「家帰ってもどうせＹｏｕＴｕｂｅ見るだけなんだから、私が引き受けるべきだ」なんて思っちゃうんだよね。それって自分の時間の価値が低いと思っているからだと思う。「なんでも引き受けて自分の価値を上げたい」と考えてしまうほど自己評価が低い人間だと、その考えにたどりついちゃうんですよ。

だから、「仕事以外の時間を有意義に使って、自分の時間に価値をもたせる」「仕事を休んだ意味があった！と思える時間づくりに専念する」ことから始めたよ。

私にとって、それがＳＮＳを始めることだったの。詳しくはあとで話すけど、大きな反響をもらえて、私の投稿で元気になってくれる人もいて、ＳＮＳが「誰かの頼み事を断ってまでやる価値があること」になった。おかげで今は自分の時間を大事にするために、「それはできません」と堂々と断ることができるようになったよ！

本当は自分の時間に価値があろうがなかろうが、休めたり断れたりするほうがいいんだろうけどさ〜。そんなこといきなりできないじゃん。だからこの方法はおすすめです。ＳＮＳで万バズしろみたいな話じゃないよ！　ずっとやりたかった勉強をしてみるとか、大切な友達に会いに行くとか、新しい経験をするためにどこかへ出かけるとか、なんでもいい。小さなことでもいいから、「今日、仕事を断って帰ってきた意味があったな」と思えることをやってみる。これがいいと思う！

今はまだ頼み事を断れないって人は、なにも頼まれずに帰ってこられた日に意味があると思えることをやってみて、「私の仕事後の時間には意味がある」と感じられる経験を積み重ねていくのがよいかも！　私は先にこっちをやりました。

断る勇気を出すためには、まず「自分の時間に価値がある」と思えるようになること。断れない私は、そう思っています。

④ 休んだからって人に迷惑はかからん

会社で働くときの大前提は、「私の代わりはいくらでもいる」です。例えば冠婚葬祭で誰かがいきなり何日か休んでも、会社が潰れることなんてないですよね。「私がいないとダメ」な会社はない！　この考えは大事にしています。当たり前なことなんだけど、私を含めた働きすぎマンたちはすぐこのことを忘れて、「休むと周りに大きな迷惑がかかっちゃう」「申し訳ない」と思い込んでしまう。そして休めなくなる。冷静に考えれば大したことないはずなのに、なんでだろ？

たった1日2日会社を休んだところで、職場の人達から煙たがられたりはしない。この意識も大事。世の中で働いている人達はみんな意外とお休みを取っており、周りの人たちはそれをなんとも思わずカバーしていたりする。

私達もカバーしてますよね。事情があって数日休んだ人に、「なに休んでんの?」と思ったことありますか? 私はないです。もし「なに休んでるんだよって思っちゃいます……」という人がいるとしたら、きっとあなたは疲れすぎているのでゆっくり休んでほしいです。そう思ってしまうということは、余裕がない状況で働いている。それは休んだ人のせいじゃなくて、自分の休息が足りてないせいなんですよ。

さらに、数日休んだだけで評価が下がることもないみたい。私も「休みたいときは休む」ができなかった時期は、「頼まれた仕事を断ると評価が下がってしまうかも」とびくびくしてたけど、実際休んでみたらそんなことはなかったよ！「ちょっと忙しいので今日はすみません！」と数回断ったくらいで評価が変わるほど、私は注目されてなかった(笑)。もっと大事じゃないと評価まで変えてはもらえないみたい。良くも悪くも！

自分の身を削ってまで働かなくてもいい。与えられた分しっかりやって、その会社で「ひとり分の働き」とされている量を必ずこなす。それさえできていればちゃんと働けている人として扱ってもらえるみたい。遅刻連発とかしたら話は別だけど、休んだら迷惑かかる〜と思っちゃう人はたぶんそんなことしない（笑）。

例えば、お子さんが生まれた人が育休を取るとき、その人は、仕事に時間を取られすぎなくてすむように働く環境を整えていくと思う。そして、「死ぬほど頑張ったらやれる」ということには手を出さなくなったりする。その理由は人それぞれだけど、そうやって子どもといる時間という「今しかない時間」を大事にするために調整してる人も多いと思います。

仕事を頑張ることはあとからでもできるかもしれないけど、「生後間もない自分の子どもといる」ことって先延ばしにはできないこと。私は結婚も子どももまだだけど、周りの方を見ていて、人生に合わせて仕事を調整することは大事だなと思います。

そして、その「今しかない時間」というのは、結婚や出産みたいな世の中で人生の一大イベントとされているようなことだけじゃなくて、ひとりで生きている私みたいな人にもあるんじゃないかな？と最近思うようになってきた。

きっかけは、ＳＮＳを始めたこと。私自身の人生で一大イベントが起きたわけじゃないけれど、今の私は「今しかないこと」に囲まれて生きている気がするんです。だって、こんなふうに本を出すとかめったに起きることじゃないでしょ？　ドラマや漫画の原作にしてもらえることも。取材をしてもらえることも。テレビに密着されることも。発信したらたくさんの人に見てもらえることも。きっと今しかないことです。

これって子育てと一緒で「私はやめます」と言ったら、誰かが代わりにやってくれるものじゃない。私の役割が私にしかできない状況って言えばいいのかな？　私はそういうことを優先して生きていきたいなぁと、SNSのおかげで思えるようになったんだ。

もしバズったり、人に注目されたりしていなくても、きっと私はいつか気付いて「私にしかできないこと」を優先したんじゃないかな、とも思う。例えばそれは「私が留学するために英語を勉強する」とか、そういうこと。子どもを育てるみたいな感覚で、「自分の将来を育てる」ために、自分の時間を大切にするような。

そのために、他人からの無理なお願いや残業をしっかり断って、自分の時間を確保していくのって実はかなり大切みたい。

5 やる気120%で働くと、成長が楽しい

最近、不慣れな仕事をしています。それが、最高に楽しい！

不慣れな仕事って不安でストレスでは？と思うかもしれないけれど、私はそうでもない。むしろ始めたてほど楽しい！　だってやればやるほど効率のいいやり方が身について、スピードが上がるのを体感できるから。前の日と同じことをやっても、かかる時間が1分1秒とどんどん短くなっていくの、めちゃくちゃ楽しくないですか？

私、成長してるわ!!　と思えたら、どんどん楽しくなっていくんだよね。「休みの日をいかに楽しむか」を考えている人はすごく多いし、結構な割合の人が楽しむことができていると思う。でもそれは週にたったの2日間の話。1週間、7日のうち5日間は仕事。半分以上どころじゃないのに、仕事の日を苦痛な日にしてしまったら生き

ていくのがつらすぎる。だから私は仕事のストレスは最大限減らすし、成長を楽しみに変えるし、5日間をできるだけ天国にしたい。5日間という長過ぎる時間をまるごと売ってお金を稼ぐのはあまりにももったいない。そうしたほうが人生に余裕ができる気がする。

仕事を楽しむために私が必要だと思っているのは、今までに話した「ストレスがないこと」、「必要以上にミスを責められない環境」に加えて、「仕事を全力でやること」。これすごく大事だと思ってます。

「ミスもないけどやる気もないよね」っていう状況は、楽しくないし時間を売ってる状態。それ、私はあんまり好きじゃないかも～。

やる気120％で働くと、成長が楽しい！「今日はこれができるようになった」、「勤務の時間が縮まった」ってたくさん気付ける。

「楽しめる仕事をどうやって探せばいい？」と悩んでいる人を見かけることもあるけど、それは私もわかんない（笑）。だって、楽しめそうかどうかで仕事を探したことがないんです。というか、「楽しめるかどうか」で仕事を探しても、しっくりくるものが見つかる気はしないな。でも、楽しめる仕事は確実にあると思うんだ。

私は「どんな仕事でも楽しめる要素を見つけてハッピーに生きていけます！」みたいな陽気な人間では決してない。例えば、私が今から高校時代にバイトしていた飲食店で働いて、この「成長楽しいメンタル」を維持し続けられるかというと、絶っっ対無理。きっとこれは気の持ちようみたいなことではないと思うんです。

楽しめるかどうかって、仕事内容もある程度関係あるかもしれないけれど、その場の人間関係だったり労働環境だったりとの相性がかなりでかい。だから単純に求人票を眺めて見つけられるかというと、そうじゃない気がする。


私はトラックドライバーを「楽しめそうな仕事だ」と思って選んだわけじゃない。楽しめるかも？と思ったのは、入社して1年くらい経って、教えてくれる先輩抜きで仕事をやれるようになってから。「基本的にひとりでいられる」「好きなときにものを食べられる」「自分は身体を動かすと明るい気持ちになる体質だと気付いた」とか、いろいろな要素が組み合わさって、「楽しめるかも！」と思えたんだ。これって求人票に書いてあることから読み取れるものじゃないんですよ。

だからやっぱり、「私でもできそうな仕事」という視点で仕事選びをしたのがよかった気がする！　だって「楽しめる仕事」に見えるものの中から選んでいたら、私はファッションデザイナーを目指していた。そしてきっと、他の人との関わりの多さ、じっと机に座って悩む時間が長すぎることにつまずく。おそらく楽しむところまでたどり着けなかったんじゃないかな。「楽しめそうだけどできないこと」を選ぶと、私は自分のことを無能だと感じて、追い詰めちゃうから。

学校が苦手だった高校時代、毎日が苦痛だった。月曜日が来るのが嫌だった。学校でやるべきこと、つまり勉強ができなかったから。でもドライバーになってからは、月曜日が楽しみ。できることをやりにいくって気が楽だね〜。「よっしゃ！　土日食った分を消化しますか！」ってテンションで楽しく出社できる今が最高です。

6 達成感がお酒もご飯もおいしくする

仕事も遊びも常に全力の22歳。さっきから「全力で！」「120%で！」みたいな話をしているけれど、仕事を始めてから今までずっと全力を出せているわけじゃありません。急に仕事へのやる気がなくなったこともあるし、中途半端なやる気しか出ずに、だらだら休憩を取って無駄に長時間働いてた時期もある。

でもあるとき、努力してはやく自分の仕事を終わらせて「勤務時間が短すぎる」って注意されたことがある。そのときは、だらだら時間を使って仕事をしてみたんだよね。

まぁ歩合制だから、怒られるようなことじゃないはずなんだけど……。時間に余裕があるならもっと働いてほしいってことだったのかもしれない。でも私はご飯も食べずにトイレも走る！　みたいなやりかたで勤務時間を短くすることに懸けてたわけで、それで空けた時間をさらに仕事に使うなんて嫌だった。でも、「こんなにはやく終わってるんだからもう1本仕事してね」って新しい仕事を振られちゃうの。すっごく頑張ってタイムアタックした結果、仕事が増えるのは正直あまり理解できなくて。そのために限界を超えてキビキビしてるわけじゃない！　って感じですよ。1秒でもはやく家に帰っておいしいご飯を食べるために頑張ってたのにさ……。だから仕事を増やされないように、わざと長めに休憩時間を取ったりして、結果だらだら働いてた。

でもだらだら仕事したあとって、私はなんか気持ちよくないんだよね！　仕事終わりのビールもなんだかぬるく感じてしまう。

全力を出し切って、もうこれ以上は無理！な状態まで頑張るからこそ、お酒もご飯もうまいんだってことを知ってしまったからかな。達成感っていう調味料が大好きだから、だらだら間延びした味はあんまり好きじゃないみたい。

というわけで私は、また全力タイムアタックに戻った。そうしないとスッキリ「仕事したぞ！」って気持ちよく終われないから。休憩時間を取らないと注意され、求めていないのに仕事を増やされちゃうし、タイムアタックは損なんだけど……でも自分の達成感のために損してもいいから１２０％全力で働くことにした。私はどんなに損してでも、達成感がほしいんだ！

スローペースにやるのが向いてる人もいて、私みたいに全力出して１分１秒でもはやく終わらせる！ってやるのが向いてる人もいるって話だと思うんだけどなぁ。休憩しながらゆっくり働くやり方は 、 そのペースがハマる人に任せたい。

これからどんどん年齢を重ねて、転職することもあるだろうし、私の環境は変わっていくはず。いつか自分の仕事をはやく終わらせればはやく帰れる、むしろはやいと給料アップ！みたいな条件がばっちりハマるお仕事に出会えますように。

どこかの会社にはもうあるのかなぁ。そういう世界は、私みたいな人間にとってはかなりの楽園。きっと働き者が集まって会社にとってもプラスになると思うんですけど……。

⑦ メイクと服にも全力、納得するまででかけない！

全力なのはお仕事だけじゃない。遊びも全力。そして、メイクも全力！ファッションや美容の世界に憧れていた私にとって、おしゃれはエネルギー。身にまとうもので、いかに自分をかわいく見せられるかの勝負。自分に自信がついて、生きるのが楽しくなる私にとって最強の趣味。出かけるときは納得いくまでずっとメイクするし、何度も着替えるよ！　最高の状態ででかけたいからね。

メイクも服も、人からどう思われるかなんて気にしません！　自分がかわいいと思えればそれでいい。昔の写真を今見ると「なんでこんなの着てたの!?」と思っちゃうけど、当時の私が満足してたんなら１００％ＯＫ。

「見た目ばっかりに気を取られて……」とか、「人は見た目じゃないよ！」なんていう人もいるけど、「見た目も中身も同じくらい大事」って話だと思うんだよね。

筋トレして何キロ持ち上げられるようになった、ゲームの強さランキングに入った、毎日お弁当を持って職場に行ってる、今日はよく眠ったから元気に過ごせそう。全部自分に自信をつけてくれることで、どれも同じように素敵なこと。

自分に自信をつける方法なんて本当になんでもいいんすよ。それが私はたまたまメイクと服だっただけ。私は小さなころから見た目にコンプレックスがあるから、見た目に力を入れる。

自分に自信がつくと人と話しやすくなるんです。「私なんかが話しかけていいのかな？」なんて思っちゃうタイプの人間なので、恥ずかしくて声をかけることができない……みたいなシチュエーションが結構あるんですよ。でもそういうときに、しっかりメイクをして大好きな服を着てたら、勇気を出せる。

私が勇気をもらえる服は、大人かわいい服。SNSに載せてる写真で着てる変なTシャツも好きですよ（笑）。でもあれはウケねらいでもあるから。自信を持ちたいなって日に着るのは、大人かわいい服。

東京を歩いていると、「なにその格好！」って言われそうなすごく奇抜なファッションで堂々と歩いている人がいてめちゃくちゃカッコいいなと思う。私はまだ、みんなに受け入れられやすいものを着て、「かわいくなってるはず」と思うことで自信をプラスしているから、完全に我が道を行く人を見ると「すげ〜っ！」って思う。

すべては人それぞれでなんでもいいんだよね、きっと。私にとって肌をきれいにすることも大きな自信につながるから、ちょっと普通では驚かれてしまうような金額をお肌に投資してみようとお金を貯めているところ。「これをすれば私は自信がつく！」ってことを見つけられれば勝ち。

そういえば、これと似たような感覚でけん引や大型の免許を取ったんだよね。自分に自信を持つためにやることだから、資格試験もメイクも私の中では一緒かも（笑）。

8 音楽は同じ曲を無限にループ

今からめっちゃくちゃ雑談します。

音楽を聴くとき、気に入った1曲を無限にループしちゃうんです、私。大丈夫か？ってくらいずーーっと、同じ曲を聴いてる。2、3日くらい1曲をループ。運転中もずっと繰り返し流してるの。この聴き方ってめずらしいんですかね？　たまに「無限に聴いてた曲を集めたプレイリスト」も聴くけど、それは本当にたまーに。

曲を好きになる理由は、音。歌詞はあんまり聴いてないタイプです。だから洋楽とかK－POPを聴くことが多いかな。

あんまり歌詞に共感できないのかも（笑）。あ、でも今ずっと流している曲は日本語でした！

特定のアーティストを好きになることもほとんどない。本当にただその1曲を好きになる、を繰り返している。好きな俳優さんもアイドルもアニメのキャラクターもいない。「推し」がどんなものかを体感したことがないです。

そういえばカラオケもあんまり行ったことがなくて。苦手です。唯一歌いやすいなと思うのが山口百恵さん。

昔から歌が下手なのがコンプレックスなんですよね。しかし私は、苦手なものはひとつでも多く潰して成長したい22歳。実は今日の夕方から、ボイストレーニングにいく予定。歌がうまくならなきゃいけない事情があるわけじゃないですが、コンプレックスはいらない。なくしたい。だから人生初のボイトレにチャレンジです。

どんな感じなのかドキドキっす。さ、着替えて行ってきますか！

9 すべての努力で ダイエットだけがめちゃくちゃ難しい

ダイエット、むずくないですか？　できる人いるの？って不思議なんですけど。努力仕事を1日中頑張ることはできる。免許なしで入った運送会社で仕事を覚えて一人立ちするまで学ぶこともできる。SNSを毎日更新することもできる。結構なんでも頑張れる私ですが、ダイエットだけはできない。

身体を動かすことはできる……と思い、仕事という名の有酸素運動に加え、ジムにもガッツリ行ってみたら見事に筋肉がついて終わりました。もうムッキムキ。SNSで披露したこともあるけれど、腕なんてもうたくましすぎて。ちょっと引き締まった感じはあるけれど、それよりもなによりも強そうになってしまった……。

まぁ健康的なのは全然いいけど、でも痩せてみたーい！と夢見ています。

当たり前だけど、食べるのが好きなのってダイエットに不向きなんだろうなぁ。いや、ずっと食べまくってるわけじゃないんすよ。波があるんです。SNSにアップしている写真みたいにどか食いしているときもあれば、今日はささみとブロッコリーしか俺は食わんぞ!!と、ストイックになる日もある。逆に仕事後や休日に飲食店に行くときは基本的にだめで、ストッパーが機能しなくなってばかすか食う。我ながら極端。

おいしいものをたくさん頼んで、ずらーっと並んでいるところを見て、目から栄養を摂取することも大好きなんですよ。だからついついたくさん頼んじゃう。頼んだものを残すのは好きじゃないので、結果お腹がはち切れそうになりながら全部食べる。幸せなんだけど、これじゃ痩せねぇよなぁ～ってわかってる。わかってますよ。

わかりながらやってるのに、SNSでは「太った?」なんてデリカシーゼロのリプライが飛んできたりするしね。

まぁ私は結構そういうの気にせずいられるタイプだけど、「やっぱりみんなは太らないめいめいを見てたいのかな」と考えたりはする。ネガティブになってるわけじゃなくて、「そういう需要なのか」と噛みしめる、みたいな。良くも悪くも忌憚なき意見、リクエスト、くらいの感覚でとらえてます。

言ってくる人はバラバラで、同じ人が何回も言ってくるパターンはない。1枚の写真に大勢の人が「太ってるね」って言ってくることもない。このことに気付いてから、あんまり気にしなくなった。「太り過ぎたらだめっぽいなー」「ジムいこっかなー」ってふんわり考えて、気が向いたら実行するくらいな感じです。私の投稿を見てくれる方の「太った？」は、親戚のおっちゃんが「めいちゃんおっきくなったな！」って22歳になった私にいまだに言ってくる、みたいなのと同じような感覚でとらえています。リプライを見てても、悪気がありそうな人はあんまりいないし、どうやらコミュニケーションのひとつとして言ってるっぽいんだよね。親戚のおじさんがよかれと言ってきてると思えば、必要以上に落ち込むこともない。

私はこんな感じだけど、同じことを言われたら傷つく人はいるからね！　間違っても誰かにリアルで「太ったね」「痩せたほうがいいよ」なんて言わないように！　できれば私にも言わないように！（笑）

……まぁ今カントリーマアムをぼりぼり食べながらこれを書いてる私には、きっと完璧なダイエットなんて無理でしょう。残念だけど、トータルで幸せならいっか♡ってことで、もう1枚カントリーマアム、いただきまーすっ！

⑩ ネガティブは口に出さない！

「ネガティブなことなんか全部やっつけてやるぜ！」みたいなパワーあふれる人間なわけじゃないけど……できるだけポジティブな面を見せていたい。

例えば、通勤中に「仕事行きたくない……」って気持ちでSNSを眺めてる人が、たまたま私の投稿を目にするかもしれない。そこにポジティブなことや面白いこと、くだらないことが書いてあったらちょっと元気出るかもしれないじゃないですか？ だから私は、人の目に触れるところにはポジティブなことだけ書いておきたいなっていうタイプ。疲れたとか言う前に、なんかちょっとでも明るくなれることを口に出して、自分と周りを元気にするほうがお得である。

繰り返しますが、私は元からポジティブなわけではありません。だから、言い方で前向きさが出るように工夫しています。例えば、私の仕事は肉体労働。ストレートにとらえると、体力めっちゃ使うし疲労が激しい仕事。でも言い方を変えれば、それってジムに行くくらい身体を動かせるってことだよね。つまり無料どころかお金がもらえるジム。お給料をもらって、身体を動かして痩せる。というところから、ポジティブ変換で「仕事という名のトレーニングで痩せてきます！」みたいな。

いい部分だけに注目して、ちょっと面白い切り取り方をする。それだけで、同じことをやっててもかなりポジティブになれる。私はそういう生き方が好きです。大変大変って愚痴りまくってても状況は変わらないどころか、気が重くなってきちゃうじゃん！　自分だけならまだしも、そんな私を見てくれる人もどよーんとした空気に巻き込んじゃう可能性もある。そんなのいいこと1個もない！

もし傷つくことがあっても、そういうときも、なるべく表には出さないんだ。必要最低限の人に話して、できるだけはやく解決する。例えば仕事で落ち込んだ時、人のアドバイスでなんとかなりそうであれば、職場の先輩に話して手っ取り早く解決策を教えてもらう。他の職種の人に話しても解決しない、それなら負を撒き散らす意味ないもんな。

例えば理不尽にめちゃくちゃ怒られた……みたいな、行き場のないつらさもある。そういうとき、私はお母さんに話す！「なぜあの人は、私にあんなに感情的になったんだと思う？」みたいに聞いてみる。

理不尽な怒られの場合は、だいたいお母さんが「22歳の女の子に感情的になるようなことじゃないよね」なんてフォローしてくれる。そうすると私も人生経験豊富な母親がそう言うならやっぱり理不尽なことだったんだと納得して、傷つきが小さくなる。「いい年してむきになっちゃってやだねぇ」くらいのハプニングだったと認識し直せて、つらい気持ちがなくなる。

私のポイントは、「お母さんにしか言わない」こと。いろんな人にぶちまけても、ネガティブが伝染していくだけだから。私のことを理解してくれて、人生経験があって、アドバイスが的確な母親にさえ話せばOKってことにして愚痴は垂れ流さない。もちろん母から悪いところを指摘されることもあるよ！　それもありがたいんです。「お母さんだったらこうする」にはいつも学びがあるし、うまい言い返し方も教えてもらえる。悪いことは反省して成長でき、理不尽な場合は説明してもらえる。母親の言う事はいつも目からウロコだから、「その考えに至らない私はまだまだ成長中だな」ってちょっと燃えてくる！（笑） 伸びしろを感じたら、すぐテンションが上がる単純な私。だから、注意されてもポジティブになれちゃう。お母さんに話すと。

単純に家族にだけ愚痴を言うこと自体おすすめしてるわけじゃないよ。信頼できる人を状況別にひとりか2人くらい決めて、その人だけに愚痴るのが私には合ってるって話！できれば、共感も指摘もどちらもしてくれる人。私の状況を的確に判断して、優しくも厳しくもなれる人。ただただ「酷いよね！」「めいめいは悪くないよ！」なんて甘やかしてくれる人は心地いいけど、成長にはつながらなそう。尊敬できる人、受け止めてくれる人を見つけて、愚痴はその人に。まぁそういう人を見つけるのが難しいんだけどさ……。私も母親以外見つかってないし。

その他の周りの人にはできるだけ楽しいことだけを伝える。大変なことは、ポジティブな言い換えができるようになってから言う。これを徹底してると、根っからのポジティブ人間じゃなくても、元気な人間でいられるよ。これでネガティブ要素を排除して、みんなにポジティブを分けられる人間になれる！と、思ってます、私は。

⑪ 仕事に集中していると「仕事」が消える

これは肉体労働あるある？　目の前の仕事に120％集中してると、仕事って感覚が消えちゃうんです。ここにあるこの作業を終わらせることに熱中していると、目の前の作業以外のすべてが消えるというか……。デスクワークでもあるのかな？

私が仕事で落ち込みにくいのは、この「仕事が消える」現象のおかげでもある。昔のバイト時代みたいに考えすぎちゃいそうになったら、目の前の仕事に必死になればいいんです。荷物を手で積んだり降ろしたりの単純だけど体力を使う作業に没頭すると、私の世界には「荷物」と、それを動かす「私」だけになる、みたいな……。ちょっと大げさすぎるか！（笑）でも本当に汗かいてると忘れちゃうんですよー。

悩んでも解決しないことを考えてしまうのは、その暇があるから。脳みそや身体に悩みが入り込む隙間があるから。身体を動かすハードワークって、他のことを考えられない程度には頭を使う上に身体も動かしまくっているので、「悩む隙」ってやつを消滅させてくれるんですよ。考えすぎちゃうタイプの人には力仕事がめちゃくちゃおすすめかもしれん。うん、おすすめです。

目の前にひっきりなしに流れてくる荷物をどんどん車に積んでいく作業は、「自分のペース」でできるものではないのもいいです。荷物のペースに合わせて、こっちがどんどん身体を動かさないと間に合わない。その中で、「この箱はここに積むと収まりがいいぞ」なんてことも考えなければいけない。これが心を無にする作業としてめちゃくちゃちょうどいいバランスなんです！　しかも積まれた荷物を見れば「もうこれだけ働いた！」「あとちょっとだ！」ということが視覚的にわかる。

手も脳も他のことに使えない状態だから、目の前の荷物を1分でもはやく積み終えることに夢中になって、「疲れるな」「私このままでいいのかな」なんてことは全く考えなくなる。つまり、仕事である感覚ですらなくなってきてるよね、これ。私だけなのかな？

きっと、デスクワークだと、仕事がどれくらい進んだかがこんなにはっきりとは見えないんですよね。よく知らないから想像ですが……。そんな中で仕事のモチベーションを保ったり、ちゃんと終わるように計画を見直したりするのって大変そうだなと思います。

トラックドライバーは、荷積みも「これだけ積めば終わり」が明確だし、配達も「荷台が空になったら終わり」で、仕事完了が目で見てめちゃくちゃわかりやすい。スッキリしていく荷台の空き具合はそのまま仕事の進捗のゲージ。そう、ゲームみたいなんだよね。目の前のことをできるだけはやいタイムで終わらせるゲーム。そのゲームに夢中になっていると、脳も身体もそれをやるしかなくて、ネガティブな気持ちも、いつのまにかなくなっていきます。

これも、私の中では「肉体労働最高！」って思う理由のひとつ。私みたいな考え過ぎさんや極度の気遣いやさんは、身体を動かして雑念を消すのが手っ取り早いんだと思う。机に向かって仕事をしてるとぐるぐる考えすぎてしんどい……という方、身体を動かす仕事をして、お金をもらいつつ脳からネガティブを追い出してみるのもいいかもしれません。

12 やりたいことはすぐやらないと人生がもったいない

やってみたいことがあるなら、すぐに挑戦する22歳。やりたいことがいっぱいありすぎて、身体が追いついてない気がする（笑）。でも、明日生きてる保証なんてないのに今すぐやらないのは時間がもったいない！と思ってしまう。

このスタンスになったのは、きっと父がきっかけです。

小学生のころ、私の両親は離婚しました。離婚後は父と会える頻度が少なくなり、気付くといつしか父は二度と会えない存在になっていました。それを知ったのは、私が高校生になってからでした。

「次が来る保証」や「最後のチャンス」なんてものはそのときには知らされない。思い返して「あぁ、あれが最後だったんだな」と気付くことしかできない。

そう思うと、チャレンジするなら今すぐ！ってフットワークが軽くなるんですよね。

なにか気になるものを見つけたときに「今度やろう」「またの機会に」って思ったとして、その今度や次が来る保証はないから。私はそれを身をもって知っている。

これからは、心残りを絶対つくりたくない。だから「やりたい」「会いたい」と感じたら、すぐに動く。


…しまった！　ちょっと悲しい話になってしまった。でも、私の「思い立ったらすぐやる！」という信念が、決して天真爛漫でポジティブ全開なものじゃないってことを知ってもらいたかっただけなんです。伝わっていると嬉しいな。

第3章 どうあがいても必要な人間関係

① はやく成長するためには人間関係が必要

最近新しい仕事が増えてワクワクの私。お仕事の中でなにか新しいことが始まるとき……例えば今まで任されていなかった仕事が自分に降ってきた！というとき。そんなとき、私はその仕事をしている人にやり方を聞いて準備しています！

ドライバーに新しい仕事が来るときって、たいてい誰か経験者が教えてくれるものなんだけど、その前にやり方を聞いちゃう。例えば、前任者の急なお休みなんかで担当を交代するような、準備期間がないときもあるよね。そういうときも仕事がわかる人にできるだけしっかり話を聞く。

最初からできる限りちゃんとやりたい。「私、今日がこの仕事初めてなんです！」なんて、お客さんには関係ないから。言わないとご迷惑をかけるようなら言うけど、伝えたからって甘えることはできない。だから、「やったことない仕事は下準備を入念に」。で、いちばん大切にしているのが、経験者に話をたくさん聞くこと。紙のテキストを読んだり、インターネットで調べたりしても、現場で起きることってあんまり書いてないからさ！　現実でそのお仕事をしている人に質問したほうが「なるほどそんなことが！」って参考になる答えをたくさんもらえてありがたい！

これって実はなんにでも当てはまる勉強法なのかも。例えば仕事でミスしたとき、昔の私は頭の中でぐるぐる解決策を探し求めてたけど……実は先輩に聞いたほうが手っ取り早い！　例えば、トラックドライバーでミラーふっとばしたことあるのって絶対私だけじゃないですよね。どんなことでもだいたい同じことをやっているミスの先人（笑）がいるんですよ。そういう経験している人の話を聞く！

その人がミラーをふっとばしたあとにどういうことに気をつけているか、気をつけた結果どうなったかを聞けたら、「私もそれを真似すれば今後は大丈夫だ！」と思えるかもしれない。具体的な解決策が出てこなくても、「俺も5年前ふっとばしてさ～」なんて話を聞けただけで、「ミラーふっとばしたくらいじゃ大きな処分はない」「5年間経てば笑い話にできるミスだ」ってことはわかる。解決できないままでも前向きになる情報を得られるかもしれないってこと！

新しい仕事やミスだけじゃなく、なんでもそう。要するに「いろいろな人に、自分の課題や悩みの解決策を相談して教えてもらう」と◎！　視野が広がるし、自分になかった見方を授けてもらえて、成長の速度がぐんとはやくなる気がする。

自分の中にない考え方を知れば知るほど、悩みが解決するまでのスピードが上がる。「ミラー折ったらこういう手順で修理！」みたいなピンポイントな解決策でもいいし、でっかい解決策……例えば「自分で思うほど周りの人はあなたのことを気にしてませんよ」みたいなどんな悩みにでも効くようなことでもいい。私は歴史の知識とかゼロなんだけどさ、「織田信長はこういうときこうしてた！」とかそういうのでもいいんだと思う。どんなことでも、いろんな解決方法をたくさん心のなかに増やしていって、使えそうなものをスッと出せるようにしておけると、トラブルが発生したときの落ち込み時間が短くなって成長もはやくなるみたい。

自分の経験だけじゃなく、周りの人の経験も私の選択肢を作ってくれる。だから、人とのつながりって大切なんだなと思う。自分じゃ乗り越えられない壁を解決してくれるのは、自分以外の誰かが作ってくれる選択肢なのかも。

私は高校生のころ周りに馴染めなくて、いじめられた経験もあって、ずっとひとりでいることに逃げがちだった。学生のころのあの環境では、それもひとつの正解だったんだと思う。でも今は違う。優しい人に囲まれているし、自分の中に取り入れたい経験をしている人が周りにたくさんいる。

同じ会社というコミュニティにいるたくさんの人が、興味のある話や自分の人生と照らし合わせられる話をしてくれる。だから周りの人とたくさんコミュニケーションを取っていきたい、そう思えるようになった。トラックドライバーになって「誰かのおかげで成長できる」という体験をたくさんしたから。

これも、私がドライバーになってよかった！と思う理由のひとつです。

②仕事でつくるのは友達じゃなくて仲間

その職場、その営業所が、トラックめいめいに与えられた世界線。人間関係が苦手でも、自分の立場や働き方を守るために「仲間」は絶対つくらなきゃいけない！と私は思っています。ひとりでできる仕事だからトラックドライバーを選んだ私だけれど、働き続ける上で、いい人間関係ってどうあがいても必要なんだなぁというところに着地しました！　実際ひとりでOKな立場になってみて、周りの人の大切さがわかったというか……。

ひとりでなんでもできる！っていう自信があるなら仲間もいらないだろうし、会社でそういう人も見たことある。すごいと思う。一方私はミスも多いし、誰かに助けてもらわないと生きていけないから……！　自分が失敗したときに助けてくれる仲間がいるのが、お仕事のありがたさだと思うんですよね。

ひとりがいい！　他人にどう思われてもいい！　って生き方も強くてカッコいいけど、私には難しい。周りの人によく思われてたほうが働きやすいよね？　よく思える人とのほうが、周りの人も働きやすいよね？

プライベートの本気の悩み事を相談するような「友達」にまでなる必要はなくて、仕事で支えあえる、仕事面だけでの「仲間」でいいと私は思ってるよ。


で、大切さがわかったとはいえ、人間関係の構築が苦手ではあるんですよ。でも苦手なんて言ってられないから、攻略法をいろいろ考えた結果！　めちゃくちゃ簡単な方法を発見しました。

それは「自分のことを話す」こと。

人付き合いできる人から、「当たり前じゃねぇか！」というツッコミの声が聞こえてくる気がするけれど、この当たり前がわからない&できないのが人との関わりが苦手な人間なんですよ……。共感してくれる人よ、あなたは仲間です。

誰かと話す機会ができたら、自分のことをさらけ出す。といっても、ちょっと隠したくなるような失敗談を話す程度。もちろん絶対に言いたくないことは内緒にするよ。

　でも例えば、「今日会社で駐車するときにかすっちゃったよ……（怪我なし傷なし）」みたいな話って、自分は言いたくないけど、聞いた人は安心したり親しみを持ってくれたりする話題。私は聞くと安心するもん！　相手に同じことがあったときに「めいめいちゃんもやっちゃったって言ってたな」って、私に話しに来てくれるかもしれないし、そこから「仲間」になれる可能性がかなりある。だから、ちょっとのさらけ出しは大事にしてるんだ。

　あとは自分の恋愛事情とか、日常で起きたこととか。そういうことはちょっと出してみて、相手が興味ありそうなら話す。あんまり突っ込んでこなかったら引く。自分の話ばっかりする人も嫌がられちゃうからね。バランス大事。

　そんな感じで、私と仲間になってもらえるように、親しみやすい雰囲気づくりをしてるつもり。自分のことを掘り下げて話すと、相手も安心するのか自分のことをさらけ出してくれて、どんどん仲良くなれるんだよね。自分が頑張って動くと、人間関係って意外とあっさり広がります。びっくり。社会人になるまで知らなかった……。

　私は人間関係苦手だから、ほっといても勝手に仲間ができるような体質じゃない。

だから「ああして、こうして……」ってごちゃごちゃ考えながら、試行錯誤で頑張ってます！　これはあざといとかそういうんじゃなくて、「とにかく仲良くなりたいから不器用なりになんとかしてる」って感じ。仲良くなりたいという気持ちは本当ですよ。それを自然に出すのが難しいだけなんです。

ちなみに同僚でいちばん仲がいい人は、「仲良くなる方法」なんてこと全く考えてなくて、こっちが聞いてもないことを気持ちよくしゃべりまくるタイプ（笑）。それでいてみんなから好かれているのですごくうらやましい。私もめちゃくちゃ明るくて人懐っこい人に生まれてみたかったなぁ。私はそういう人大好きなんですよ。勝手に楽しそうにしゃべってくれるから、楽だし安心する。

ごちゃごちゃ考えちゃうタイプって、なんにも考えずあっけらかんとしてる人と案外相性がいいのかも。そういう人って裏表があんまりないから、「本当はどう思ってるのかな？」なんて、変な心配せずにすむし。

まぁ、何度も言っている通りトラックドライバーという仕事は基本ひとり行動。他のお仕事よりも圧倒的に周りの人とコミュニケーションを取る時間は短いと思う。会議みたいなものはないし、誰かと話すときは基本的に荷積みしながらの雑談みたいな感じだし。だから人と関わるのが苦手な私でも「仲間が必要」なんて言えるのかも……。毎日会議ばっかり、他社の人ともたくさんやり取りしつつ、常に上司や同じ部署の人間関係の調整や根回しが必要……みたいな職業だったら「あー！　めんどくさい！」ってなって私はやめちゃいそう（笑）。私は、人間関係の構築が仕事の成績に大きく関わる仕事は無理だと思います。

トラックドライバーに向いている人ってどこか似てるんだよね。ひとりで働けるところに惹かれて就職・転職する人も多い職業だから、みんなちょっと一匹狼系。あと、ちょっと適当なんだよね！（笑）そして、はやく帰りたがってる人が多い。私もそうでしょ？　この本で何回「はやく帰る」って言ったかわかんない（笑）。

同じ思考回路の人とは話しやすい。つまり、同じ職業が向いてる人は話しやすいってこと！　他の職業は全然続かなかったけど、トラックドライバーは続いてるっていう人も結構な数いるみたい。なんか落ち着くらしいです。

3 ただ明るいわけじゃない

私は元からめちゃくちゃ明るいわけじゃない。

人間関係が大事だと感じると同時に、やっぱり私は人と関わるのは苦手なんだなぁと再認識中。大事にしてることと、苦手なことが共存してしまっている……（笑）。

たぶん私は、コミュニケーションが下手というわけではないと思う。仕事で関わる職場のみなさんは「めいめい今日も元気だったな！」「楽しそうにしていたな！」と思ってくれているんじゃないかな。きっと、多くの人たちにはそう思って私を普通の若い女性として見ていると思う。

ただ、そんな態度でいることで時々私は少し疲れてしまう。相手のことが好きか嫌いかなどは関係なく、上手くやりとりをするために消費するエネルギーが、他人よりかなり多いみたい。

私の性格上、一緒にいる人全員の顔色を気にしてしまうし、全力で誰かが求める「天真爛漫なめいめい」を演じてしまう。そのキャラクターを求められている気がするから。これは私が勝手にやっていることだから、誰のせいってわけじゃないんだけどね。共感できる人って意外といっぱいいるんじゃないかな。

目の前にいる人が楽しんでくれていないと不安になってしまうんです。自分の楽しいことはひとりでいるときの方が楽しめるから、誰かといるときはその瞬間の楽しさを優先したい。やりたいことも、行きたいところも、食べたいものも、自分の願望はひとりのときに叶えられる。

この考え方は、高校生のころから。自分のやりたいことを突き通しても、他人が我慢しているかもしれないと思うと、楽しく感じられなくなった。だから基本、誰かといるときはすべて相手に合わせる。今自分はどんなキャラクターでその場に必要とされているのかまで考えて行動してしまう。自分がやりたいから勝手にやっているんだけど……。

どんな状況でも、人間関係は絶対に大切にする。社会人として成長するため、心のバランスを取りつつこれから出会うたくさんの人達と関係をつくっていきたい。

④ お酒のお付き合い

人付き合いがめっちゃくちゃ苦手なまま上京してきた18歳のころ。当時、私は会社で誘われる飲み会にはできるだけ顔を出すようにしてた。もちろんお酒は飲めないしそういう場が得意なわけでは決してない。でも、仕事のことも東京のこともなにも知らない私は、飲み会に顔を出して情報収集するほうが、生きていきやすいだろうと思ったんです。なんだかんだ、行けば楽しいことはあるし！

最初の会社は、仕事始めの朝と仕事終わりの夜は、みんな同じ時間に会社に来て荷物を積んでいた。だから顔見知りになるところまでは簡単だったんです。自分から誘うことはなかったけれど、会社にただひとりの女子ということもあって、少し仲良くなれば誘ってくれる人は多かったかな。最初は無理のない範囲で全部出てたと思います。

そうしていると、「誘ったら来る人」認定されたのか、かなりの頻度で誘われるようになってしまった。それからは、たまに断ったりもするように。自分の時間がないと無理なタイプなので……。転職した今では、ある程度の距離感を取りつつ、仕事や都会生活の情報がちゃんと入ってくる程度の飲み会出席率に調整しています！

私は「人付き合いが苦手だからこそ飲み会に出席する」というやり方。だけど、飲み会が心底苦手でめちゃくちゃ行きたくない！　っていう人は、参加する必要は全くないと思います。私はまだ「行ったら行ったで楽しめる」タイプだから、このやり方でなんとかなっているだけな気がする。飲み会が嫌だという若者が増えているらしいですが、嫌なら行かなきゃいい！

私は昔気質なのかな？　飲み会出てりゃ仲良くなれるなら、会社で頑張って雑談するより楽じゃね？　と思うので、出席します。飲み会に出ておいたほうが、会社というコミュニティの中で働く上では私にとっては便利だからやってるだけ。そうじゃないタイプの人なら飲み会に出なくても全然よくない？　と思っています。

私は仕事中の日々の積み重ねで挽回できそうにないから、飲み会に出ているのです。

プライベートで仕事の人に時間使うのが嫌なら、その代わりに仕事中にみんなとコミュニケーションをたくさんとるか、コミュニケーションなしでも完璧に仕事ができるようにスキルを磨くことに集中するのがいいんじゃないかな。

私は高校時代は「人間関係全力キャンセル」に近い生き方だったので、飲み会行きたくない人達の考え方にもある程度は共感しているつもり。といっても、私は当時から「ひとりでは生きていけない」という自覚もあったんだ。寂しいとかそういうことじゃなくて、能力的な話。勉強も苦手だし、得意なこともない。誰かの手を借りながら生きていくしかないんだろうな、と思っていた。だから、学校の中で生きていけるように最低限の友達はつくってたよ。でも、本当に最低限。「親友なんてできなくてもいいや」って思ってたもん。楽しい思い出も全然ない。

そういえば、修学旅行すら行く気がなかった。先生から「絶対に修学旅行には行った方がいい！」と説得されて行ったけど……先生がなんであんなに力説してたのか最後までわからなかった(笑)。楽しいこと1個もなかったし、思い出もない。そんな青春時代だったけど、「私が人と接する気がないからこれでいいんだ」って思ってた。開き直れるならなんでもいい。

でも今の私は「働いてお金を稼ぐ」「仕事でストレスを溜めない」の2つが、人生で優先順位高めだから、人と関わることにした。「人と関わる」こと自体が大きなストレスの原因だからあまり人と関わらないようにする人もいる。人それぞれ。ほんとそれだけの話。

私は「ひとりが好きだけど、誰かの力がないと生きていけない人間」。それを自覚していたほうが、うまく生きていける……っていうだけなんです。みんなそれぞれ自分に合ったやり方を選んでるってだけなのに、こんなに長々書いちゃったぜ！　ひとりが大好きだけど、人と関わろうと今必死だからかも。でもみんなそうしたほうがいいよーとも思ってないよ。それぞれのやり方を尊重していこ。みんな好きに生きようぜ！って話でした！

5 私がどうしてもできない「心を開く」こと

どうやったらできるんですかね。「心を開く」って。

全部相手に合わせて疲れちゃう私は、どうすればその状態になれるのか。「楽しい」「やりたい」がきれいに重なる相手が出てきたら、その人とは今ほど疲れずに仲良くできるのかもしれない。そんな人がいつか見つかると信じて、探しています。

完全に心を閉じてます！というふうに見えないようには振る舞えていると思う。誰かと仲良くなりたいという気持ちは本当だから、近寄りにくいと思われないようにと気をつけてはいるつもり。それによって知り合いや友達もちゃんと増えているはず。

でも、どうやるんですか、「心を開く」って……。

やり方が全くわからないから、自分のどこをどう改善したらいいのかもわからない。めちゃくちゃ閉じてるな自分、と思うわけじゃないけれど、心を誰かに開いている感覚もない。媚びを売るみたいなこととは全然違うんだよね？

きっとこの「心を開く」ができるようになったら世界が変わるんだと思う。そしてそのためには、人との出会いが必要不可欠なんだと思う。母親以外に心を開いたことがない気がするけど、心を開ける誰かに出会うのが最優先事項なんだよねきっと。

対人関係が苦手だと「もうこのままひとりでいい」「そっちのほうが楽だから」と思ってしまいがちだけど、私は諦めたくない。変わりたい。自分を閉じて小さな世界で終わってしまうことのほうが、誰かと深く仲良くなって傷つくことより遥かに怖い。

地元には、「この人と離れるのは寂しいな」と思う友達がほぼいなかった。だから地元を出て、東京にやってきた。中学のころも高校のころも、どこか友達に心を開けないまま過ごしてきた。

その理由はきっと、中学時代のいじめのせいじゃないかなと思う。中学生のころ、仲が良かったボスみたいな女の子。その子はひとりずつターゲットを決めていじめるタイプの子だった。私はその子と仲良しで、最初はターゲットになることはなかった。

でも順番は突然回ってきた。その子を含め4人くらいで仲良しだったのに、ある日全員が敵に回った。無視されるだけならまだしも、廊下ですれ違うときに「ブス」「デブ」「死ね」と叫ばれて、攻撃されて。家に帰って、毎日泣いていた。でもこの時間を耐えなければ、つらくても耐え切らなければ、と学校には通い続けていた。

いじめられた理由は特にないみたいだった。しいて言うならボスの気分。「めいめいがあなたの悪口言ってたよ」っていろんな人に言いふらして、全員を私の敵にしていった。その悪口は、ボスが「あの子のこういうところ嫌だよね！」と話していたもので、私はそれに相槌を打っただけだった。結局ボスが、私のことをウザいと思ってハメただけ。そこから半年ほどいじめの地獄は続いた。

中学生なんて、学校が世界の全部だから本当に地獄だったなぁ。積み重ねてきたことが全部ゼロになった気分で、死んでしまいたくなる人の気持ちがわかった気がした。

ボスや友達とはいつの間にか和解したんだったと思う。ターゲットを決めて順番にいじめていくグループなんてそんなもんだ。私は、またいじめられないことだけを目的に、そのグループに戻った。仲のいいフリをして遊んでみたり、楽しくもないのに大声で笑ったり。そうしないと、中学校という世界で息ができなかったから。嘘をついて、自分にも「これが楽しいんだ」って言い聞かせて。

いじめられるまでは、周りに「心を開く」ことができていたような気もする。少なくとも自分の意見をハキハキ言える子だったはず。

あのときから言えなくなってしまった。自分の価値を信じられなくなって、誰かがありのままの自分を好きになってくれるなんて1ミリも思えなくなった。みんなに合わせて、他の人がやりたいことを優先しなくちゃ、誰も私といてくれない。そう思って嘘をつきながら人と接してたら、人といること自体が面倒になっちゃった。人を好きになったり、期待したりすると、あとから大きく傷つくことになる。絶対に裏切られる。その悲しみをもう二度と味わいたくなくて、心を開けなくなっちゃったのかも。

でもずっとこのままではいたくないんだよね。私はもう社会に出て、世界はどこまでも広がっていることを知った。絶対心を開ける誰かを見つけてやる！　って今はそんな気持ちだよ。自分の殻なんて、さっさと突き破って楽になりたいわ。

6 鎖国状態の人間関係も変えていきたい

必死で勉強して高校に入ったのは、「変わりたい」という気持ちの他にもうひとつ理由があった。それはとても現実的なもの。「高卒の資格がほしい」。それがないと、就職の幅がものすごく狭まることを知っていたから、勉強がどんなに嫌いでもさすがに高校は卒業したほうがいいなと思った。できそうなことがなにも思いつかないんだから、最低限の資格くらいはあったほうがいいかなー、と。私の高校進学は、働くためだった。

高校時代は、前にも話した通り、そんなに楽しいものではなかった。いじめの経験から居場所がない怖さはずっとあって、中学のころと同じ目に合わないようにしないと！と意気込んでいたから、いじめられなくてすむ程度に人とは仲良くしていたはず。誰かとわかりあうためじゃなくて、自分がいじめられないため、傷つかないための人間関係。気の合う友達や心の底から信頼できる人は見つからなかった。

当時はバイトもつらいし、家庭環境は大変だし、お金はないしで、友達と遊ぶことも少しストレスになる状況でもあった。だから人間関係は必要最低限だったかな。あのときからSNSを始めるまでの時期を、私は「鎖国」って呼んでる（笑）。それくらい閉じた気持ちでした。だって2000年生まれなのに、高校時代にSNSをひとつもやってなかったんだよ。これは現代の鎖国と呼んでいいでしょ。

通ってた通信制高校の授業は1コマ90分もあって、それも勉強嫌いの私にとっては地獄だった！（笑） 授業中、まじでこの時間無駄だな〜って過ごしてた。毎日8時に登校して、授業を2コマ取って、夕方まで学校にいて、夜10時までバイトして、帰宅して寝る。今より忙しかったかもなぁ。あの成長期にこんな生活してたから、胸が大きくならなかったのかも！（笑）

でも、定時制の高校の校風はすごく楽だった。みんな好きな服を着ていて、どんなメイクもOKで、何をしていても噂されないような学校。たぶん大学ってあんな感じなのかな。大学って配達で行ったことしかないから想像だけど！

高校時代、公園でひとりで弁当食ってた私は、最高に私らしかったと思うよ。どう生きててもなにも言われないのは、こんなに楽なんだなと感じた。私ってひとりが楽なんだなと気付いたのも、このころだったかもしれない。

でもそのひとりぼっちで生きていく鎖国状態を変えたくて私は就職した。世界を広げるために上京した。広がったかどうかはご覧の通り。

東京に来たことでもちろん広がったけど、SNSでいろんな人に知ってもらえて、札幌にいたころの自分では考えられないようなチャレンジもたくさんさせていただいている。かなり広がったっしょ、これは！　ほんとの成功って何なのかまだわからないけど。

これからもどんどんいいほうに変身していけるように引き続き頑張っていきます！

7 居場所は話しかけてくれる人のところにある

「自分のことを話す」努力はしているけれど、自分から話しかけるのは苦手。そう、全然できないんですよ。自分から誰かに話しかけることが。それは、小さいころからずっと。ひとりが好きだからなのかな？　でも「独り」は嫌いっていう難しい女なんですよ。ひとりの時間はほしいけど、誰かといたいときに声をかける相手がいないのはつらい。だから、孤独にならないように世界を広げようとしている。

私は孤独にならないために、ひとつ心がけていることがある。でもそれは受動的なこと。人見知りでも人間関係下手くそでも、頑張りが少なめですむこと。

なにかというと、「話しかけてもらったときに全力で返す！」です。これたぶん、「積極的に自分から話しかける」と同じくらいかそれ以上に効率いい!!

話しかけてもらえるって、めちゃくちゃラッキーな大チャンスなんですよ。人付き合い苦手な私達あるあるの「今話していいのかな？　ダメかな？」みたいな葛藤を乗り越えて勇気を出すっていう、あのつらい時間をすっ飛ばして誰かと話し始められる。しかも話しかけてくれる人は、私に興味を持ってくれている人。「この人と話すのやだなー」って思っていたら、わざわざ話しかけてこないでしょ。ですよね？

人に話しかけるのが苦手だと、「私のこんな話に相手は興味ないかも」とか考えすぎちゃって話せなくなること、多くないですか？　私は「すべての人間は私になんて興味ない」くらいの気持ちで生きているから、自分から話し出すのってめちゃくちゃ勇気がいるんですよ。でも話しかけてもらえたときは、そこ悩む必要ゼロ！　ね、めちゃくちゃラッキーの大チャンスでしょ。

ひとつ付け加えておくと、人に話しかけるのが苦手な人って、傍から見ると全然ウェルカムな空気が出てないことがある……。私もそう。おそらく、私に話しかけるのってちょっと勇気がいると思う（笑）。ニコニコみんなとしゃべって楽しそうな人のほうが、話しかけやすいじゃん。その真逆な私達は、きっと話しかけづらい。私は仲良くなった人にあとから、「近寄るなオーラ出てた」って言われたことまである（笑）。

そんな謎のオーラを出してるのに話しかけてくれた人ならば、「私に興味を持ってくれてる！」と確信していいでしょう。

そして、私みたいな人間関係下手にはさらにもうひとつの壁がある。それは「返事が下手」です。人と話すのが得意じゃない人って、話しかけられてもあわあわしちゃってうまく返せないことが多くない？「はい」「いいえ」しか言えなくて会話が終わっちゃったりとか……。

そこで役に立つのが、日々のチャレンジ！毎日なにかしら新しいことをやっていると、それが話のネタになるんです。「昨日◯◯の居酒屋に初めて行って……」とか、その場のおしゃべりのネタにできるんですよ。自分の手札がたくさんあると、相手にハマる話が自分の話題のストックの中にある確率も上がるし、相手の話に「それ私もやったことあります！」と乗れることも多くなる。チャレンジし続けた結果、話し上手になれることは私が実証しておりますのでご安心ください。

だから、「勇気を出す」なんて無理しなくても居場所はつくれる！自分から声をかけるのが苦手なら、やらなくてもいいと思う。誰とも話していない人に声をかけてくれる心優しい人って、10人くらいいる場だったら必ずひとりはいるよ。

だから、そういう人を待つ。そのかわり、話しかけられたら、「この大チャンスを絶対に逃さないぞ！」と積極的にしゃべる。言ってしまえば話しかけられ待ちの姿勢だけど、それでも私はそこそこの人間関係はつくれました。

盛り上がらなかったときだけは、反省する。自分に興味を持って話しかけてくれた相手がいるという難易度低めの状況で、その場を盛り上げることができなかった。これは準備不足です。私だったら、「今、私がいい感じの返しができていたらきっとこの人と仲良くなれたはずなのに……！」と悔やんで準備不足を反省します。

特に愛想笑いで曖昧に返して、話を途切れさせてしまったときは大反省！　これってあるあるな失敗です。私はそういうとき、愛想笑いのあとに、なにか言葉をつなげられるように練習や準備がもっともっと必要だ！と燃えます。

自分から話しかけないくせに、居場所を探し求める22歳。最低でも来たチャンスは逃さないようにしないとどうしようもないから、頑張ります！

8 友達別にいらない症候群

結論、友達がいなくても幸せだったらOKだよね!?

友達を思い浮かべてくださいって言われたら、圧倒的に少ない人数しか思い浮かべられない私。……うーん、ひとりだけかも。

その子は北海道時代からの幼馴染で唯一残っている女友達。本当に「同年代の友達」はその子だけ。その子とは仲良しだけど、すでに育児してたり、デスクワークだったりで、ライフステージも仕事も生き方も全然違うから、ちょっとジャンルが違うのかなぁ、なんて思ってしまう。でもその子とだけは、お互いの状況が変わっても仲良くいられるから嬉しいかな。東京で遊んだりもするしね!

実は私は「友達がほしい」とはあんまり思っていないのかも。この本でも仕事仲間の話ばっかりしていて、友達の話は少ないし……。

私はなんでもかんでも「将来死ぬまでずっと幸せでいられそうなほうで！」っていう選択の仕方をするから、同世代の子とはちょっとズレちゃいがちなんです。「その場が楽しい」の優先順位が低すぎる！（笑）とにかくいろんなことを経験して、人間として成長して、ずっと幸せでいられる私に進化したい。そうやってあくせく生きてたら、仕事仲間の10歳くらい上の人に、「生き急いでるの？」「早死にしそう」とまで言われた（笑）。でもその感想なんかわかる〜。45歳くらいで、勝手に「全クリした！」って思い込んで、笑顔で清々しく他界しそうなイメージが自分でもある（笑）。

しかも私、「裏技使うなんてつまんない！」と思ってるんです。はやく成長したいくせに正攻法で戦うことにこだわってるから、無駄なエネルギーもたくさん使う。でもそんな生き方をする自分が好きなんで、私としてはＯＫです。

その場の欲求を満たす遊びがあんまり得意じゃないから、似たような同世代と仲良くなって友達になれないかなぁ……なんて思っています。

ってことで友達募集中です！　よろしく！

第4章 常に前を向くメンタル思考法

①人は変われる！　私はどんどん変わって生きてる

私はなにかがあるたびに自分を変えてきた。「人は変わらない」なんて言う人がたくさんいるけれど、そんなことない。人って変われるよ!!

例えば中学時代のいじめ。耐えていたけれど、その間ずっと「私のことを誰も知らない高校に行って生まれ変わろう」と決めて、それを心の支えにして過ごした。私は勉強がとっても嫌いで、当時の成績表はほぼオール1状態。たぶんみなさんのご想像以上に勉強ができません。そんな感じだったけれど、「高校に行って生まれ変わるんだ」という気持ちで、1日10時間くらい必死に勉強をした。もう必死だよ！　小学生の算数からやり直した。中2中3なのに、小学生から！　でもめちゃくちゃ頑張ったおかげで、高校で生まれ変われた。

実は私は中学生になるときも、「生まれ変わるぞ！」と決めて入学してる。小学生のころは、自分を出せない子だった。家ではすっごいわがままだったんだけど、学校ではあんまり明るくできなくて。人の目を見て話すのが苦手で、小学生ながら「こんなの私じゃない」「もっと元気になりたい」「変わりたい」と思ってたんだ。

私が人前に立つと自信がなくなるのは、見た目にコンプレックスがあるせいだった。身長は平均より少し高いくらいなのに、体重は学年でいちばん重くて、服はキッズサイズの3L。小3から1年間に10キロずつ体重が増えていく、コンプレックスの塊。ストレス発散の方法は、食べること。いつも口になにか入れていないと不安で、幸せを感じられなくて、たぶん過食症みたいなものだったんじゃないかな。

そんなふうに苦しみながら決意したのは、「中学生になったらギャルになる！」ってことだった。化粧して、派手になって、かわいくなって、自信をつけて、誰とでもハキハキ話せる人間になってやる！　そう思って、学校から帰ったらすぐにメイクの練習をしてた。小さいころから、変わるための努力ってやつが好きなのかもしれない。お金がないから100均の化粧品だったけどさ！

そして私は、中学でしっかりヤンキー寄りのギャルに変身した。じわじわギャルに変化して、学校にメイクして通うようになり、みんなが色つきリップだけの中、私は薄めのつけまつげに茶色いアイシャドウを塗っていた。

自分のことが好きになった。見た目にちょっと自信がついて、気持ちを出せるようになった。今振り返っても、あの時期の自分は好き。自分を肯定できてたから。


まぁ、ギャルになっても結局いじめられちゃったんだけど。

いじめられてからは、自分を大好きなままではいられなくなってしまって、また変身を決意。ギャルマインドは全部捨てて、受験に専念。小学校で失敗したから中学校で、中学校でも失敗したから高校で……。自分自身を変えて絶対に幸せになるんだって気持ちをモチベーションにして、次の変化のタイミングに向かって努力してきた気がする。高校から上京して就職するときもそう。SNSを始めたときもそう。「変わってやる」という気持ちだった。

私はきっと毎年変わってる。去年はSNSを始めた。今年はSNSきっかけに新しいことにチャレンジしまくって、去年の私とはまた全然違うよ。今までの自分を捨てるくらいの大きな変化も、意外とできる。人は変われる。私はそう思ってるよ。

②1日1変化or1挑戦。遠回りでもとにかくやってみる

ある日突然大変身、急にとても素敵な自分になれました！

……なんて日は絶対に来ない。間違いなく来ないと思う。だから私は毎日ひとつずつ、小さなことでもいいから変化を生むことで自分を変えようとしています。それはどんなに小さなことでもよくて、いつもは通らない道を通ってみたとか、新しい居酒屋に行くとか、本当になんでもいいことにしている。「なにかを変える」を毎日やり続けることが、私が自分を変える方法。

ちなみに今日のチャレンジは「誰にも質問せずにビジネスメールを書いてみよう」でした。トラックドライバーは、あんまりビジネスメールと縁がないんですよ。でも今日、たまたま仕事でメールを送らきゃいけないことが出てきた。いつもなら「どう

すればいいの？」って教えてくれそうな先輩や母に聞いてしまうところだけど、せっかくの初体験チャンスなので、22歳らしく初めてのビジネスメールをやってみようと思って、挑戦しました！　今の段階で、アドバイスをもらわずに、私はどれくらい大人なメールを書けるんだろう？って。誰かからテンプレートみたいなものをもらえばすぐ書けるのかもしれないけれど、丁寧なビジネスメールの組立ってやつを一度くらいやってみたほうがいいのかなと。間違ってもいいし、怒られてもいい。それが経験になると割り切って、今日はさっきまでずっとメールを書いてました！

そういう小さな挑戦や成長を積み重ねて夜に1日を振り返って「今日はどんな成長があったかな？」と考えたら、どんなに小さなことでもいいから1個は見つかるような毎日を送ってる。

同じ毎日を繰り返してると、なんだか不安になりませんか？　私はなります。そのチャレンジがプラスの変化につながるかわからなくても、「いつかなにかが変わるかもしれない」と思えるようなことはやらずに後悔するぐらいならやっておきたい。

なにもせずに勝手に変わることって、きっとない。小さな変化を自力でたくさん起こした結果だと思うんだよね。

ちなみに昨日は大型トラックでの手積み手降ろしの仕事5回目で、初めて先輩にも手伝ってもらわずにクリアしました！　どうしてもうまくできなくて、どこかで先輩の手を借りちゃってたんだよね。4回目までは先輩の作業を見て真似することで覚えようとして失敗していた……。と、いうことに気付けたのが今日の勝因。身長も身体能力も違う男性の先輩の真似をしても、同じようにできるわけがなかった……。「とにかく積み終わればいい」と一心不乱にやってみたら、誰の手も借りず、ひとりでできました！

この気付きってきっと、手積み手降ろしじゃなくても、もはや仕事じゃなくても使える発見なはず。「自分と条件が違う人の真似をしない」という教訓。これも、なにか別の大きな変化につながりそう！　人生に関わってきそうなレベルでいい発見。

トラックめいめい22歳、人生まだまだこれから。毎日少しでもいいからチャレンジして、成長して、新しいできることを増やして、「変化の種」を集めていきます！

③ 小さなチャレンジが理想の自分につながる

常に自分の目指すほうを向いていなきゃいけないわけじゃない。全然違う方向の努力をしたっていい。きっといつかつながって役立つ日がくるから。

だから私は「毎日なにかひとつ成長する」だけではなく、「毎日なにか新しいことをする」も自分に課しています。その挑戦と成長、どっちにも当てはまることもたくさんあるし。そうじゃなくても「やったことないことをやってみる」を大事にしています。さっきのビジネスメールも「新しいこと」と「成長」を兼ねたチャレンジ。

目指している夢や理想像に直接つながることって意外と少ないから、毎日チャレンジを続けてるとやることがなくなっちゃう。遠回りでも、全く関係なさそうなことでも、「自分が変わること」につながっているってイメージすると、いろんなことに挑戦できる。例えば「新しい居酒屋に行く」って、その場で友達ができなければ「社交的な自分になる」の変化にはつながらないんじゃ？って感じだけど、遠回りしてもいいなら、必ずどこかでつながる。例えばそこに行ってみたい人とたまたま出会って、一緒に行く約束ができるかもしれない。その新しい居酒屋に行った経験によって、回り回って「社交的な自分」に近づけるかもしれない、ってこと。なんか、どんなことでもプラスにつながるなって私は思ってる。だから私は小さいチャレンジが大好きなんです！

特に「人間関係の鎖国をやめたい」という状態だと、どんなことでも「話のネタになる」と思えばプラスになる。知らない人とパッと2人きりになったとき、話のネタがあればあるほど、その人と仲良くなる可能性は上がるでしょ。

大きな変化のきっかけは偶然やってくるものかもしれないけど、そのチャンスに気付けるように、そのチャンスが明日来ても大丈夫なように、小さな準備を常にしておくイメージかな。遠回りでも、いろんなやり方で可能性を広げておくんだ。

例えば転職の面接はたった1時間。だけど、それまでに時間をかけて、大型の免許を取ったり、けん引免許を取ったりしておけば、面接で合格する可能性は上がる。そんな感じ。「今の仕事で必要になるかはわからないけど、マイナスにならないから」って取ってみた免許が、ある日プラスになることもある。それは免許や資格だけじゃなく、経験も練習も準備も全部そう。プラスになりそうなことは手当たり次第にやっておくくらいの勢いでちょうどいいと私は思ってます！

思い切った転職をするときに使えそうな資格や免許を取っておくイメージで、自分が変われる大きなきっかけに備えて小さな変化やチャレンジを繰り返しておく。それがすごく大事だと思ってます。しかも、たくさん資格を持ってると、「こんな仕事どうですか？」ってチャンスのほうから寄ってきたりしますよね。きっと変化も同じ。少しずつ新しいことをしていたら「新しいことが好きみたいだけど、こんなチャレンジどう？」って変化のほうから寄ってきたりもする。

私のSNSも「なにか楽しいこと起きないかな？」と始めてみたら、こんなことになってるし！　予想しないほど人生が変わることもあるので、思いついた「新しいこと」は、これからもガンガン実行していきたいです。

④ 辛かった学校に意味があった！

極論、いじめられたけどそれもいい経験になった。今は学校に行っておいてよかったと思える。学校に行かないと知ることができない痛みなのは確かだから。これは本当に極端な考え方で、私が乗り越えられたからそう言えるってだけの話でもある。

もし私が子どもを産んだとして、その子が学校に行きたくないと言ったら、「行きなさい！」とは言わないと思います。でも、学校に行かなくてもいいくらいの経験はしておきなさい！　と教えるかな。

人と関わるとか、勉強をするとかね。学校じゃなくてもできることだけど、10代のうちに必要最低限はやっておいたほうがいいことを、経験するのは大事。私はどっちも苦手だったけどさ！　それでも「ある程度はしなきゃいけない状況」にいたことはよかったなと思ってるよ。まぁ、場所は学校じゃなくてもいいと思います。自分の子どもが「学校に行きたくない」と訴えてきたら、「学校行かない時間でなにをする？」って聞くんじゃないかな。本人が考えられない場合は「これはどう？」「あれはどう？」と選択肢を出して選んでもらう。

勉強っていっても、学校の授業みたいなものじゃなくてもいいわけで、趣味を突き詰めて学んだり、練習したりすることでいいと思う。今の時代、ゲームだってめちゃくちゃ練習すればプロゲーマーやストリーマーとしてお金を稼げる。学校で勉強する以外のルートで、幸せに生きていく方法を探してくれればいいなぁ。

ただ、私の経験上、今のところは高校卒業の資格は取れる状況なら取っておいたほうがいい気がする。この資格がないと、悲しいことに今の日本の仕組みでは就職がとても不利になってしまうから。「高卒資格なしを挽回するくらい他のなにかを伸ばすぞ！」という努力はたぶんめちゃくちゃ大変で、あんまり勉強しなくてＯＫな高校に入って卒業するほうがかなり楽だと思う。勉強が大嫌いでも、家にお金が全然なくても、高校まではなんとか卒業できる仕組みが日本にはあるので。私が卒業できたってことは、そういうことです。学校行ってもしんどいだけでなにも得られない！と思うかもしれないし、正直私も思ってた。でも高校卒業の資格が得られるだけでも3年間の意味はあるんじゃないでしょうか。

高校に行かずに家にいてうっかりだらだらしてしまったら、それこそなにも得られない。心身どちらかに命の危険があるような特別な事情がないならば、今の日本なら勉強や集団行動が苦手でも高校までは行ってほしいなと思う。

私は小学校のころから勉強する意味がわからなかった。数学の公式とか覚えても、人生でどう活かされるのかもわかんなくてやる気が出なかった。今の生活には結局なんにも活かされてないし、勉強の意味についてはいまだにわからない。こんな虚無にすら思えることを頭に入れるくらいなら、自分の大好きなファッションやメイクの勉強を極めたい！と思ってた。

でもそうしてたら、今の道にはいないんだよなぁ……。中高生が、独学で学べることなんてたかが知れてる。学校の勉強をせずにファッションの独学に時間を使っていたらファッションデザイナーになれていたかというと、大変微妙なお話だと思う。

なにが言いたいかというと！　学校が本当に嫌いで、3年間の授業中はず――っと「この時間が無駄すぎる」と思っていて、なんなら牢屋に閉じ込められてるみたいな気分になっていた私ですが、高校卒業して4年経った今では、なんと「学校に行っておいてよかった」と思っています。あの無駄だと思っていた時間は、その先の未来を楽しくするために与えられてたんだな！って感じ。「高校卒業後が人生の本番だから」と、準備として学校に通っていた自分を褒めてあげたい。

もしこの本を読んでいる人の中に、あのころの私みたいな学校嫌いの学生さんがいたら参考にしてほしいな。私を応援してくれる人は年上の方が多いから、あんまりいない気がするけど（笑）。頑張れば通えるようなら、通信でも保健室登校でもいいから、「高校卒業資格」だけを目的に、学校に行ってみる。人生の本番が来る前の準備として、練習感覚で行ってみる。それが無理なら、高校卒業に匹敵するくらい、なにかを一生懸命勉強して、家族以外の人と関わってみる。

学校って意味ない気がするけど、意外とそのあとの人生で結構意味が出てくるから。行けるのに「面倒だから行かない」みたいな理由でやめるのはもったいないです！

5 ダメだったときの道を常に想像しておく

私、常に人生が悪く転ぶパターンを想定して生きてるんですよね。例えば今だったら、トラックめいめいのアカウントが突然フォロワー0になって終わるパターンを想定してる。この場合はとても簡単で、今まで通りトラック運転手一本で生きていく。SNSをやめれば解決するから、そんなに大変なことじゃないです。SNSはお仕事というより自分を成長させる手段のひとつだから、やめたところでそんなに人生の軌道が大きく変わるわけじゃないかな。注目されなくなることに怖さもない。ちょっとさみしいけどね！　もしそうなったら、馴染みのない大阪とか知らない場所に行ってドライバーやるとかも楽しそう。全然違う出会いや環境がありそうだから。

今あるものが当たり前だと思わない。ずっと続くと思わない。いきなりなにかがなくなることもある。そういう不安みたいなものは心のどこかにずーっとある。

きっと、父がいなくなったことから学んだんじゃないかな。

このとき、いちばん最初に考えたのが『母が明日もいるという前提で暮らしているけれど、それは絶対ではない』ということ。

私は母が大好きで、どんなこともまず母に相談する。それが、ずっと当たり前だと思っていたけれど人はいきなりいなくなるんだ！と気付かされた。

だから、どんな人とも会っている時間を大切に、誰かに寄り添い過ぎずに生きて行こうと。もしかしたら、それが心を開けない理由のひとつかもしれません。


心を開いた人がいなくなったときのダメージを考えると恐怖に襲われるから。

私は最悪なパターンを常に想定しています。最悪ではないけど少しだけダメになったときのパターンも。色々な状況を想定して生きていくほうが心が安定するんです。

⑥ 人に期待しない、人の期待に応えすぎない

世の中ですでによく言われていることだけど、他人や環境に期待しないほうが、メンタルの安定にはいい。期待して思い通りにならないと、悲しみや怒りが出てきてしまう。

自分のことなのに、他人に「なんでやってくれなかったの」って責任をぶつけてしまうの、結構理不尽じゃね？　自分がされたら結構嫌かも、とも思う。

あと、自分以外の人間の行動によって自分の感情が左右されてしまうことが、私はとても苦手なんです。たったひとりの人に120％期待してしまったせいで悲しくなったり、いなくなってしまって穴が空いたみたいになったり……。私はそういうとき落ち込まないように、さっきも言ったけど常に最悪のパターンを考えていて、なく

なったらなくなったでひとりで楽しめるような心づもりをしている。もちろん楽しみにはしている。けど期待はしない。元気いっぱい幸せに生きていきたいから、いろんなパターンを考えておいたほうがいいと思っている。

逆に、自分に期待してくる人もできれば少なめであってほしいかな。といっても、私のことが好きで信頼してくれる人の期待には、全力で応えちゃうけど。

最近は、私のことフォロワー数で見てるな〜って人もちょいちょい出現するのが寂しいんだよな。意外とそういうのってわかっちゃう。「あ、私自身には興味ねぇなこれ」「数字だけ見てるな」って。気付く瞬間は少し悲しい!!

私に対して期待してない人が近寄ってきたら、とにかく私への興味を減らすように心がける！　まずは会話の中に「あなたの期待に応えるつもりはないですよ」という雰囲気の言葉をねじ込んでいく。「やらないよ」とか「私はあんまり興味ないかな」とかそういう感じで、結構冷ためかもしれない。あなたとは気が合わないと思っています、っていうところまで雰囲気で伝わればベストかな。

そして接触回数も減らしていく。とにかく相手の気をそらす。相手の視界に私を入れさせない！　直で会ってるのに無視するとかは、失礼過ぎてできない私。だから、うまいこと接触回数を減らす。私を見なければ相手の興味もどんどん薄れていくはず。という感じで逃げております(笑)。

これ、例えば職場や学校とかのコミュニティで「舐められやすくていろんな人から変に絡まれる」とか「なぜか興味がない相手にだけモテてしまう」とか、そういう問題でも使える逃げ方だと思います！　あくまでも感じは悪くならないように、ターゲットからうまく外れる方法。接触から逃げ回っているうちに、相手の興味関心の度合いが普通レベルになってきて、多少接しやすくなるはず。人間は、会わないと忘れるもんだから！　こっちのメンタル脅かす人からはさっさと逃げよ!!

7 100点は自分にとっての100点しかない

小学生のころの自分を点数化すると、100点満点中5点。当時はマジでそれくらいだと思っていた。なぜか図工だけめちゃくちゃ自信があったけど(笑)。その他は勉強も見た目もなにもかもの総合点が5点、みたいな。しかし、一桁でも未来を諦めなかったのが私、めいめい。度重なる変化と成長を経て、中学では一気に30点、高校デビューで50点、現在では65点と、実に13倍まで点を伸ばしています。もちろん目指すは100点満点！ 見た目も中身も100点になりたい！

……でも、100点って果たして一体なんなのか？とも思う今日このごろ。数学のテストみたいに明確に答えがあるものならば0点も100点もあると思うけど。見た目には好みがあるし、中身だってどんな性格をいいと思うかは人によって違う。同じ言葉を発しても、「よく言ってくれた最高！」と思う人もいれば、「どうしてそんなこと言うの？」と思う人もいる。誰もが「めいめい100点！」っていう日は来ない。というわけで、「みんなからの100点」を目指すと迷宮入りして、いつまで経っても高得点は取れないだろうなと、私は考えています。

だから私が目指しているのは「自分にとっての納得度」の100点です！　自分で自分に100点をつけられる状態を目指したい。誰かにとっての100点は絶対取れないから、目指すだけ損だとすら思っちゃうな〜(笑)。

自分自身の100点って、きっと自分からの評価だけで取れるんですよ。そう思うと逆に気が楽になりませんか？　自分が納得しさえすれば、自分は100点。満点。テストが0点だろうと、体重がオーバー気味だろうと、私が自分を100点だと思えればそれで100点。

最高に難しそうだけれど、最高に簡単そうでもある！　取れそうな気がしてきた！と、楽観的な気持ちで100点を目指して生きていきます。他の人から見て2点でもいいよ。他人に2点つける人よりも、自分に100点つけられる人のほうが人生満喫できそうだしねっ。

8 裏技や近道はつまらない

宝くじ、ハイリスクの投資、インフルエンサーでPR……。バーンと大金を稼ぐ方法っていろいろありますよね。私はなぜかそういうのに興味がなくて、「手の届くお金をコツコツ貯めて、それをバーンと使う」のが好き。なんか突然大金が目の前にあっても面白くなくない？　なにこれいきなりどうした？　って感じで実感がわかないというか、自分でお金を稼いだ喜びが味わえないというか。

例えば、私は歯の矯正をやっている最中。その矯正はなんと75万円もかかります。「肉体労働でコツコツ貯めた重みのある75万円を、私は今、すべて歯に使う!!」と思いながら矯正器具をつけたほうが、歯並びの美しさにありがたみを感じませんか？75万円の重みってすごくないですか？　75万円使えるということは、75万円もらえる量の荷物を運んだってことで、それって私頑張ってるよね！という自信につながる。
私はそういう労働やお金のありがたみを一生感じながらお金を使っていきたい。「こんなに働いて、こんなにお金を使う」って体感できるほうが、人生が面白いと感じる。歯をきれいにする物語は、一生懸命働くところから始まるほうが劇的じゃないですか？

といってもケチケチするつもりは全くない！「頑張って働いてもらえた大切なお金だ」って思いつつも、使い道をしっかり考え、使うところではバーンと思い切りよく使っていきたい。

高校生のころから、バイト代や節約して生まれたお金で自分に投資することが大好きだった。当時は髪を染めたりネイルをしたりする程度だったけど、それで幸せになっていた。自分が頑張ってもらえたお金で自分が磨かれていくって、かーなり素敵なこと。「これを頑張ったら歯がきれいになるぞ！」みたいな目標があれば仕事へのやる気が高まるし。お金が貯まったときの達成感も大きいし。

ちなみに大きな金額が必要なときは、現金一括で払えるまで貯めてからお金を使うようにしています。一括で払えないものは、身の丈に合わない買い物……っていう意識が抜けなくて。現金だからこそ「でかいお金を一気に使った！」っていう気持ちのよさがさらに大きくなるんですよね。

身の丈に合わないものってだいたい「便利」か「見栄」をお金で買おうとしてることが多い。なくても生活していけるものを、買うのには限度があるな～と思う。全部NGってわけじゃなくて、全部には手を出せないっていう意味。だから「現金で貯めて買うぞ」というエネルギーが出るもの。そしてそれができる範囲のものまでにしておきたいなというのが私の金銭感覚なんです。

私だってお金かけてるってものももちろんあるよ。歯の矯正なんて絶対そうだし、収入から考えるとちょっと高い家賃のところに住んでいると思う。ひとり暮らしにしては結構広い。でもそれは高校生のころからきれいで広い家でのひとり暮らしにずっと憧れていたから。絶対やりたいことリストに入っていたからお金をかけているだけ。いつか「広い家にはもう満足！」って思えたら、めちゃくちゃ狭い家に引っ越すと思う（笑）。生活レベルは今も高くないけれど、まだまだ下げられるので。

そして、必要ないところにお金をかけないっていうのはずっと徹底してる。常にスーパーをはしごしているし、どのスーパーでなにが何時から安くなるとか、全部把握してます。余計なお金は絶対に使わない！　それも私の大事な金銭感覚のひとつ！

頑張って働いて得たお金を、節約して貯めて、自分磨きに使うことが、私の喜びであり、ストレス発散。私としては結構コスパのいい生活。

自分のお金を自分ひとりで使って幸せを生産しているのは、友達と一緒にストレス発散！みたいな遊び方をあんまりしてこなかったからかもしれない。

学生時代は誰かになにかをしてもらって喜ぶとか、逆になにかをしてあげて喜ぶとかがあんまりなかった。お母さんくらいかな。

だから、自分で自分になにかをしてあげて喜ぶってやりかたが得意なんです。

でもこれって「自分で自分の機嫌をとれる」ってことだから、めちゃくちゃ長所。

誰かの反応待ちじゃなく、自分ひとりの力でずっと元気でいられるって最高です！

第5章

人生の描き方

① 人生をほんのちょっとでも変えたくて始めたSNS

私がSNSを始めたきっかけは、前の会社にいたとき「転職しようかな？」と思ったこと。長い勤務時間を忙しく働く中で、ここで一生は働けないかもな〜とうっすら感じ始めていたときでした。

SNSのことをなにも知らなかった私は、「こういう免許を持っていて、こういう働き方をしたいです」と発信したら、「うちで働きませんか？」みたいなお誘いが来るかもしれないと思っていた。もちろん今みたいに何十万の人にフォローされるなんて考えてもなくて、SNSでひとりでもいいから誰かの目に留まって、私の人生が少しでもいい方向に動かないかなという、ちっちゃな期待を込めたスタート。

あと、人間関係が狭いのが嫌で上京していたから、SNSきっかけでも世界が広がればいいなとも思っていたかな。

ＳＮＳは始めるのも簡単で、やめるのも簡単。だから、お試し。嫌になったらすぐにアカウントを消せばいいと、軽い気持ちで始めた。直接お仕事に誘われることがなくても、トラックドライバー仲間ができれば、おすすめの会社を教えてもらえたり、今後転職するときに相互フォローに同じ会社の人がいて仕事しやすかったり……みたいなことが起きるかもしれないし。いい影響がありそうなことはとりあえずやってみたくなる私は、これも挑戦で成長だ！とアカウント作成ボタンを押したのでした。本格的に動かし始めたのは、時間ができた転職後だったけど。

ＳＮＳを始めてからは想像以上の動きがあった。「女性トラックドライバー」という存在が珍しかったのか、登録１週間で７００人くらいの方からフォローしていただけた。ほとんどがトラックドライバーの方だった。トラック界隈ではＸ（旧Ｔｗｉｔｔｅｒ）でつながる文化があるらしいと、そのとき知った。

そしてあるとき有名なＹｏｕＴｕｂｅｒさんがコメントをしてくれて、私のアカウントがバッと広がった。せっかく広がったし、私のトラックドライバーとしてのお給料を発信したらなにかあるかも……となぜか思いつき、給与明細を載せたらプチ炎上してしまった（笑）。炎上した理由はお給料が21歳の女性にしては多めだったこと。それに、当時の中型トラックのドライバーにしては多かったのもあるのかも。

といっても、通常の業務に加えてイレギュラーな仕事にも対応しながら働いた月の明細だったから平均より多いのも当たり前で、「20代前半女子でも頑張ればこれだけもらえる夢のあるお仕事です！」って伝えたかっただけ。

炎上は嬉しくなかったけど、そこらへんから「トラックめいめい」を見つけて応援してくれる人がどんどん増えてきたんだ。そっちはめちゃくちゃ嬉しかったよー！興味を持ってもらえるのが嬉しくて、たくさん返信したし、いいねしてくれた人のホームに飛んでその人の投稿を読んでいいねを返したりもしてた。


私が嬉しかったのは、バズって有名になったことじゃないんです。ちっぽけだと思っていた自分に、興味を持ってくれる人がいるってことが、すごく嬉しかったんです。注目される理由が「けん引の免許を持ってる女性トラックドライバーが珍しいから」だとしても、自分に興味を持ってもらえてることには変わりない。それをきっかけに注目して、今では私自身を応援してくれる方もたくさん出てきたのもありがたい。

ずーっと人間関係が狭かった私にとって、自分のSNSがいろんな人の目に触れることによって、一気に世界が広がった感じがしたんだ。

もちろん、SNSだけじゃなく21歳で大型免許を取るとか、実務の面でも努力してきたつもり！「立派なドライバーになる」が私の直近の目標なので、SNSよりもプロのドライバーとしての自信を大きくすることを優先したい。

例えば、「はやく大型免許を取った」というプロフィールがほしくて、私は会社の補助金が出る期間を待たずに自腹で取ったんだ。今では法律が変わって19歳から大型免許を取れるけど、私の時代は21歳が最速。「最速で大型免許を取りました」は、おばあちゃんになってもずっと言える経歴だからほしかった。しかもそれは最速の時期に取らないと二度と手に入らないプロフィール。だから自腹でも今やらなきゃ！ってお金を出しました。思い切って投資した。といっても、ハローワークの助成金制度を見つけたから40%くらいは返ってきたけど。

はやけりゃいいってものでもないけど、私はそれをプロフィールに入れておきたかった！どれくらいすごいかがドライバー以外に伝わりにくいかな？わかりやすく言うと、トラックドライバー界の「東大現役合格」です！言いすぎか〜？（笑）

実は、私は今2回目の転職活動中でこの本が発売されるころには別の運送会社にいるはず。その会社は、トラックめいめいの活動を見て「うちで働きませんか?」と言ってくださった会社なんです。SNSの活動もサポートしつつ、普通にトラックドライバーとしても働ける環境を整えていただけるらしい。SNSを始めるときに熱望していた、「SNSで自分に合う職場を探す」「向こうから声をかけてもらう」が叶った！

SNSを始めたときは当然フォロワー0から。それから1年半。こんな短い期間で30万人以上の方がフォローしてくれて、自分の居場所が見つかった。

これからは今まで通りトラックドライバー業務でしっかり運送しつつ、ドライバーの仕事内容をSNSで紹介したり、物流の様子がちょっとでも伝えられるような企画を考えていきたいなって次の会社の方とお話ししてる。すっごく楽しみ！

SNSを始めたおかげで、私は人生が変わった。「新しいことをやってみる」が人生を切り拓いてくれることを、身をもって感じた1年間でした。

やっぱり、なんでもチャレンジしてみるもんだね!!

②SNSもトライアンドエラーで成長！

トラックめいめいは、「なんかSNSを始めたらバズっちゃいました♡」みたいな話では実はないんです。たまたまいろんな人に拾い上げてもらった運がでっかいのはもちろんですが……。地味に「こうやったらもっとみんなが読んでくれるかも？」という挑戦を続けています。SNSライフを豊かにするのも自分の成長のひとつだから、いいほうに伸びていくのがすごく楽しい。といっても、その工夫はとっても些細なものなので、努力というのもおこがましい気もするけど……。

投稿の中でいちばん気を遣っているのは、実は写真ではなく文章。いろいろなルールを決めています。

1投稿の長さは基本3行までにおさめる。写真にインパクトがあるときは1行で簡潔に。どんなスマホの機種でも文章の途中で行が変わらないように、一文を短くして改行。誰かが不快に思うようなことは書かない。愚痴や、誰かやなにかを下げる事は絶対にNG。その日の出来事やちょっとしたトレンドを入れるべく、朝のニュースを見て情報収集することもある。

そして、誤字脱字は絶対にしない！　何回も何回も読み返して、間違いがないことを確認します。私は勉強が苦手で、言葉を間違って覚えていることも多いから(笑)。ちょっとひねった言い回しにしたいときは、必ず意味を調べています。この間は「本邦初公開！」って言葉を使おうとしたけれど、調べてみてやめた。「本邦」って「この国」、つまり日本ってことで、「日本では初公開！」という意味になるんだね。知らなかったー。確かに海外のなにかが発表されるときに「本邦初公開」って言われてる気がする。「あぶねー！　意味知らなかった!!」って書き直しました。

文章のリズムも気にしてる。読んで気持ちいいほうが楽しいもん。ひらがなとカタカナと漢字のバランスとか、どんな絵文字を使うかも、毎回しっかり悩んでいます！ここらへんは私の感覚で、ですが。

とにかく誰もがスムーズに読めること。これがいちばん！　みんな写真のインパクトに注目してくれているけれど、添えている文章も実はトライアンドエラーで行き着いた形なんですよ。

そして文章の内容も写真も、見てくれた方がコメントしやすいようなものになるように心がけています。写真はツッコミどころを入れつつ、食べ物はしっかりカメラに向けて、抜け感も出るようにしています。Xの投稿はテキスト+写真の作品だ！　くらいの意気込みで、うんうん唸って考えてるんですよ、実は！

みんながクスッと笑ってくれて、その一瞬でも幸せな気持ちになってくれるといいな〜という願いをもとにトライアンドエラーを重ねた結果です。見てくれるみなさんの反応を見ながら「これは喜んでもらえるんだ」「これはあんまり好きじゃなさそう」なんて日々学ばせていただいております！

でも結構はやめに今の形に落ち着いたかな。まだフォロワーさんが1000人いないくらいのうちに、めちゃくちゃトライアンドエラーをして今の形がいい！ということに気付けた。たくさんの方の目に触れるころには、「1日朝晩2投稿、仕事中と仕事終わりの写真をアップ」みたいな形はでき上がっていたはず。

ちなみに1日2投稿にしたのは、人様のタイムラインに1日に何度も何度もお邪魔するのは申し訳ないから（笑）。だいたい同じ時間に1日2投稿くらいなら、「おっ、もうこんな時間か！」くらいの感覚で見ていただけるかなって。それに2投稿なら、誤字がないかの確認や、楽しい写真を撮ることも大変すぎないし。1日何十投稿もしてたらどこかでミスしそう。アイデアもなくなっちゃいそう。私も、見てくれている方々も、1日2めいめいくらいがちょうどいいでしょ（笑）。

投稿時間は本当にたまたま、みんなに見てもらいやすい時間に最初から設定していた。SNSは通勤時間中と仕事終わりくらいに見る方が多いんです。私の生活リズムでは、みなさんよりちょっとはやく通勤して写真を撮ってアップするから、朝の投稿は一般的な通勤時間。お仕事は夕方くらいに終わって、そのあとスーパーで割引のお惣菜を買ったり、お出かけしたりして写真を撮ってアップすると、ちょうどみなさんの仕事終わりの時間帯。みなさんがスマホで暇つぶしする時間帯にピッタリあってた。つまり、私の毎日のリズムがSNS向きだったみたいです。ラッキー！

そういえば、流行りに乗ってスタバの新作を載せてみたこともある！（笑） スタバを載せると見てくれる人が増えるという都市伝説（？）を信じて、お昼にサービスエリアでわざわざ購入して実行してみたんだけど、全く効果なかった！「なんだよ話がちげーじゃん！」って、家帰って「すみません。やっぱり私はスタバよりビールですwwww」ってビールを飲んでる写真を投稿したらなんと3・5万いいね。昼のスタバは500いいねくらいだったのに！　この「スタバより酒」投稿でバズったのがフォロワーさんが増えたきっかけでした。そのあと、ニトリのロゴをパロディした「ヒトリ」と書かれたTシャツでビールを飲む写真をみなさんが楽しんでくださって……。あれは運命の一着だったなぁ（笑）。

それからフォロワーさんがなんと1日2万人ペースで増えたんですよね。なんかすげーいい写真撮れたな！とは思ったけど、こんなにいろんな方が見てくださるのは予想できなかったので、めちゃくちゃ嬉しかったです！

……こうやって振り返ってみると、「スタバを載せると見てくれる人が増える」は回り回って本当だったのかも？（笑）

③ 自分なりの幸せのハードル

しつこいようだけど、私はダイエットができません。肉体労働をすることでなんとか体重を保っていられるけど、普通のダイエットに成功したことは一度もない。でも、私はダイエットに成功した人や痩せてる人に文句を言ったことも、一度もない。

さっき言った通り、こういう人はリアルで出会うことはほぼないのに、SNSの中には「普段どこに隠れてんの?」というくらいには見る。私の投稿にそういうリプライがつくこともある。私はもう「SNSはこーゆー世界だからな〜」って真面目に受け止めない。たまーに別のことで気分が下がってるときは、そういうコメントに言い返したくなることもあるよ。でも、すぐ我に返る。

もしいつか、アンチなコメントが気になって飲まれちゃう日が来たら、SNSを卒業しようと思ってる。不幸になるためにＳＮＳやってるわけじゃねーからな！

私が愚痴も他人の悪口も言わないのは、母親の教育の賜物。「人のことを悪く言っちゃいけない」とか「悪い方向に考えないようにしなさい」とか、しっかり教えられてきた。ずっと不満を口にしてると、寄ってくる幸せが減っちゃいそうな気がする。

マイナスな発言でストレス発散をしてる人ってたくさんいて、そういう人って「自分はついてない」「いいことがない」って思ってる人が多いんじゃないかな。そういう人から攻撃されることもあるけれど、正直、私とはジャンルの違う生き方をしてるんだなぁと思うだけ。その人も生活の中でプラスな瞬間はあると思うんだけどなぁ。私がその人と交代したら、きっと「あ、これ幸せだ！」っていうことを見つけられる気がする。なんせ私は、幸せのハードルを下げることができたからね。満腹になった時点でもう幸せ最高潮だから。

もし幸せが見つからなくても、自分を改善するチャンス。改善できたらそれは成長で、「私また強くなった幸せ！」って思える。幸せじゃないって伸びしろでもあるって思っちゃう。楽観的すぎるかな。

努力してもマイナスな環境から抜け出せないっていう状況もあると思う。高校のころ、お金もなくて勉強もできなくて人間関係も苦手だったときの私はたぶんそういう状況だったよ！　でも「伸びしろがある」状況でもあった。「ここより居心地がいいところがあるはずだ」って、次に行く場所が幸せであることに賭けて、できる限りの努力をしました。もし私が今、なにもかもなくしてしまっても、次の場所にあるであろう幸せに賭けて努力を始める。そして少しでも状況が動けばそれを幸せと呼ぶと思う。

④変えられない短所は自分の真骨頂

「トラックめいめい」という名前をつけてから、今までの人生では考えられないくらい、いろんな人と関わるようになった。それまでは職場くらいの規模感でしか人と接したことがなかったのに、すごい変化。初めましての人と話をする機会がここ1年でガッと増えた。インタビューしてもらう機会も何度もあった。……でも頑張れば乗り切れるけど、全然身体がついてこないんですよ。全く慣れてくれない（笑）。

今の状況になって大勢の人と接してみて、「私ってこういう活動も一応できるんだ！」「でも身体がついてこないんだ！」っていうことを初めて知りました（笑）。これは実際にやってみないとわからないことだったかも。自分がそういう人間だって知れたことはかなりでかい一歩だなと思います。

誰とでも気軽に話せて、自分のこともオープンにさらけ出せて、どこにいてもストレスがたまらない人間になりたい！と思ってた。そういうふうな人間になれたら幸せになるんだろうな〜と期待していた。私から見ると、すごく幸せそうに見えて、うらやましかったから。

でもそれは無理なんだなぁと悟りました。たくさんの人と接する中で、私はこれに慣れて平気になることはないと感じた。無理してコミュニケーション上手を目指しても、きっと幸せになんかなれない。「なりたい自分」があって、目指して頑張ったとしても、絶対できない変化もあるんだなということに気付けて、「これもまた経験だし成長！」と思えてるのが今です。鎖国をやめたいなとは思っているけど、この「人と関わると疲れる」というのは私の本質でもあるということに気付いた。だからまるっきり変えたいわけでもなくなりました。

なにかを目指したらみんなそれになれるわけじゃない。どうやってもなりたい自分になれない人はいるし、私もどうやらそうみたい。いろいろ変えようと頑張ったからこそ、「ここまでやったけど無理みたいだわ」って受け入れられたのかもしれない。

そんな自分のキャパの範囲でいちばん幸せになれる方法を探していこう、と思えた。

たぶん、自分にしっくりくる明るさのジャンルがあるはずだよね？

「気遣いしすぎて疲れる」「心を開きづらい」みたいな短所を消滅させてくれるような、まぶしいタイプの明るさは手に入れられない。「人と接するのが苦手」という絶対に変えられない私の特徴と共存できる系統の明るさを探さなきゃいけないいんだと思う。それがどういう明るさかはまだ探ってる状態だけど。私らしさを捨てずに、だけどいろんな人と関わっても疲れにくくなるような明るさを模索しているところです！

理想の明るさを手に入れられないとわかった今でも、いろいろと変わる努力をしていてよかったな、とは思う。なんにもやってなかったら「変われるかもしれない」って期待を抱いたまま、だらだら時間だけが過ぎていくもんね。「私はやればできるかもしれない」って思ったままなにもやらずにすぎる時間、絶対もったいないしな。

そう考えると、やっぱり変わるためにできる小さなことを積み重ねていてよかったと思う。なにも変わらなかったとしても、「変われない」を知ることは、成長する上で大きな一歩だから。

5 インフルエンサーになる気はない

SNSを始めたときから「インフルエンサーになりたい」なんて思ったことはないし、今もなる気はありません！　バズった最初の数日間は、正直ちょっと浮足立っちゃったけれど、すぐに「正気を保て！」と自分で自分に気合を入れて、フラットな気持ちに戻しました(笑)。

理由はなんだろう。漠然と感じているのは「私って承認欲求薄めかも」ということ。投稿バズらせといてなに言ってんだ？　と思われるかもしれないけれど、「私が私に満足する」ための手段としてSNSをやってる感じなんですよ。多くの誰かに認められたいのとはちょっと違う。

たくさんの人から承認を求めるのは、どちらかというと怖いかもしれない。「私という人間自体をずっと誰かに評価される」という状況に100％で身を置くのは怖いな〜という感じかな。あと、インフルエンサーとして経験できることが、私が求めているような成長につながる気があんまりしないんすよ……。例えば、「なにかのPRになる投稿をして○万円！」みたいな世界に行って私は何を学ぶんだろう、みたいな。それなら1日がっつり身体を動かして、ヘトヘトになって○万円のほうが、私は幸せ。いろんな案件が来たけれど、なんか怖くて受けられなかったな（笑）。

すごいのだと、うちの店で食事をして1投稿したらウン十万円、というようなご依頼もいただいた。そんなふうに、少しの手間でお金が入ってきてしまうことが、私は怖い。案件は、もう年収分くらいは断ったと思う。宝くじすら当たりたくないタイプの人間なもので……。働いてもないのにいきなりお金がもらえても喜べないんだよねー。「働いてお金をもらう」ことに謎のこだわりがある人間なんだろうなあ。

もちろんお金はほしいよ！（笑） だからトラックドライバーという職を選んだし、お金を使って自分を喜ばせることも大好きだし。

でも、フォロワー数が多いからってPRを乱発してるのって、欲望むき出しすぎてなんかカッコ悪くて好きじゃない！　これはまあ、めいめい美学みたいなものなので、他の人がやってる分にはなにも思わないんだけど……。例えば一度も使ったことないのに健康食品とかをいきなり宣伝するのは、なんか微妙だなって。見てる側も「どうしたどうした？」って思うでしょ。今までの投稿まで一気に嘘っぽくなっちゃうし、冷めちゃうじゃん。そんなのさみしぃー！　めちゃくちゃ好きなものを作ってる会社から案件をいただいたらやるかもしれないけれど、それ以外はやりたくない。SNSの私のアカウントは、私の本当の気持ちしか発信したくない。……って私「ビールがうめぇ」くらいしか発信してないけどね！　でもそういうゆるい感じのアカウントでいきたいし、「ビールうめぇ」くらい身に沁みてることしか言いたくないし。

インフルエンサーで身を立てるって、多くの人から求められるめいめい像を探って、その枠にはまらなきゃいけないようなイメージがある。これは私の勝手なイメージだけど。ありのまま生きてめちゃくちゃ人気のインフルエンサーさんもたくさんいるとは思う。でも、それになれる気がしてないっていうのが本音かな。

SNSに寄りかかってしまったら、人生がSNSに左右されてしまう。それが嫌なのかも。私は「いつでもアカウント消せるぜ！」くらいのテンションでSNSで遊んでいたい。だって嫌じゃないですか。アプリたったひとつで、今まで自分が積み重ねてきたものが、突然なくなっちゃうの。SNSに全力投球したら、炎上でそうなってしまう可能性がある。私にとってのSNSはたくさんある手段のひとつであってほしい。だから、精神的にも経済的にも支えにはしないって決めてるんだ。

SNSは切り取られた一瞬の画像と文字だけの世界。「トラックめいめい」は日本のどこかで生きてる私のほんの一部分で、ある程度ポジティブに加工された状態。嘘はついていないけど、素敵に見えるような角度でお届けしているもの。そのままの自分でもなければ、なりたい自分でもない。

だからこの「トラックめいめい」のことは、むしろ大事にしすぎたくないなーって気持ち。いちばん大事なのは、スマホもフィルターも通してない私自身だからね！ SNSはただの余興なんですよ、人生の。

私はたぶん、ずっとトラックドライバーのめいめいです。それが、落ち着く。

⑥ トラックドライバーを「小学生がなりたい職業」1位にしたい！

就活や転職をするときや、将来なりたい職業を考えるときに、トラックドライバーがかなり優先度の高い選択肢のひとつになるようにしたい。というのが、私の野望。

みんなが就きたい仕事を考えたときに「トラックドライバーもいいなぁ」ってすぐに思いつくように、トラックドライバーという職業を身近なものにするお手伝いがしたい。そして、私みたいに「トラックドライバーになってよかった！」と救われる人が、ひとりでも多く出てくるといいなと思っています。

正直、私が18歳で職業を選ぶときに、トラックドライバーという職業にポジティブな印象はあまりありませんでした。むしろちょっと怖い世界だと思ってた。「おいお前！　そこの荷物さっさと運べよ！」とか怒鳴られまくる、荒々しい世界だと思いこんでた。トラックドライバーの先輩方、ごめんなさい。

でも、映画『トラック野郎』シリーズみたいな有名作品もあるし、ずっとそのイメージを持ち続けてる人も多いと思うんですよ～。私も実際そうだし。きっとこの本を読んでくださっている物流に関係ないお仕事をしている人の中には、荒っぽい印象を持っている方も多いですよね。実際働いてみたら全然そんなことはないんだけど……。おおらかだったり豪快だったりするドライバーさんは多いけど、それはいいところだった！

高校3年生の私に「トラックドライバーの世界は怖くないよ！」という情報が入ってくることはなかった。学生のうちに知識として知っていればどんなによかったか。迷うことなくすぐにトラックドライバーという職に飛びついてたと思う。

だから、私がみんなに伝えていきたい！　物流業界から遠いところで暮らしている人のタイムラインに、おすすめの投稿として勝手に楽しそうな私が出てきたら、「トラックドライバーって意外と楽しいのかな」って思ってもらうきっかけにはなれそうじゃないですか？　たくさんの方にいいねしていただくことで、いろんな人のタイムラインに出ていくことができるはず。

最近、フォロワーさんから「街中のトラックに気付くようになった」って言ってもらえることがあって、それも嬉しい！　意識してなくて風景になっていたトラック。それを意識して見るようになってくれたということは、きっと物流のことにも少しアンテナを張ってくれているはず。それそれそれ！　それが私のやりたいこと！　って感じです。

トラックがいるとめいめいじゃないかな？って見てくださる方までいるらしい。いつかお会いできたらいいな。


しかも！　みなさんの応援のおかげもあって、私の日々がドラマ化&漫画化されることに……！　私を知らない方にも、トラックドライバーの様子をお届けできるチャンスがやってきました。作品を見て、物流について考えてくれたり、親しみを持ってくれたりする方がひとりでも出てきてくれるといいな、なんてドキドキ期待中。

実は漫画はすごくはやくからお話をいただいていたんですよね。２０２２年の8月にバズったときにすぐご連絡をいただいて、私はよくわからないまま「すげぇ話が来た！」とすぐにお受けしました。聞いたことがある会社だったので、詐欺じゃないだろう……くらいの感覚で（笑）。ドラマもはやくからお話をいただいて、それも「すげぇ！」って。この本も同じです。全部知ってる会社だったから安心だーくらいの感覚でした。すごいことだ……。これは本当に私の人生なのか？

いろいろな場所で、トラックドライバーを扱ってもらうきっかけになれているのが、本当に嬉しい。もっともっと物流業界の力になっていけるように頑張ります。

物流業界にまつわる問題を解決する力は、22歳の私にはありません。だけど、知ってもらうきっかけになることはできそうだな！とかなり燃えています。みんなにちょっとでも物流業界のことを知ってほしくて、ドライバーとしての発信を続けているんです。

……だからこの本、学校の図書室に置いてもらえませんか？　私のフォロワーさんたちだけじゃなく、私より若い世代にもトラックドライバーにポジティブな印象を持ってもらいたい。小学校にも置いてほしいな。いつか「小学生のなりたい職業ランキング」でトラックドライバーが1位になってほしいなぁ、なんて。

⑦ 人生のゴールは幸せになること

結局、お金とか恋愛とか仕事とか見た目とか細かいジャンルの話はどうでもよくて、とにかく幸せになりたい。私の思う幸せは、「今の未熟な自分の欠点やダメなところがすべてなくなっている状態にたどり着く」こと。

出会うべき人にも出会えてたら最高。その相手は恋愛でも友達でも仕事関係でもなんでもよくて、一緒に幸せになっていける人と親しくなっていたい。

目先の得より遠くの幸せ。それが私の哲学！

今のところ、「毎日の仕事終わりのご飯とビールが幸せ！」って生きてるけど、これだけで突っ走れるほど人生甘くないはず。というかすでにそれじゃカバーできない日もそりゃ何度か味わってます。どんなに頑張っていても、準備していても、やっぱりなにかしらのでかい壁が立ちはだかるんですよね、人生って。仕事がうまくいかなかったり、人との関係がこじれたりして、考えさせられる日が来る。ご飯とビールで少しだけ元気は出るけど、「今日も最高!」までは持っていけなかったり……。

そういうときは昔のことを思い出します。高校生のころの私には、外食することはすごく贅沢なことで、誕生日にできることだった。おじいちゃんからの差し入れがなければ家でだって満腹になれなかったくらいお金がなかった。でも今は好きなときに外食できる。いつでもお腹いっぱいになれる。そう考えると、昔と比べたら幸せになってるじゃん!って思えるんだよね。生まれた環境のおかげで幸せの基準値が低いのも、今となってはいいことだなと思える。「実家が裕福じゃない」と言えばネガティブだけど「幸せを感じやすい」と言えばポジティブ。すべては言い方次第だよなぁ。

生まれつきめちゃくちゃ恵まれてる人が今の私の生活をしたら、満足できないかもしれない。「不幸だ」と思ってしまう人もきっといるでしょう。幸せの感じ方は人それぞれだから。でも、私は今の生活で満足できる自分でいたいし、そんな自分が好き。私はそんなに上へ上へってタイプじゃないんです。今目の前にある、できそうなことを精一杯やって、どこまでいけるかな？　みたいに考える。上を目指すのは素敵なことだけど、上ってどこまでもあるから、際限がない。私みたいなタイプは日々の小さいことでたくさん満足して、低めの幸せハードルをたくさん飛び越えるほうが、幸福度が高くなるんだと思う。ここらへんは本当に人それぞれだよね。

思い返せば、小学生のころの私は、不満がいっぱいだった。いちばん不満だったのは自分の見た目。学年トップクラスで体重が重くて、顔も好きじゃなくて、コンプレックスの塊。今も身体のたくましさには悩んでるけどね！（笑）

そんな不満だらけの私がうらやましく思ってたのは、痩せている子じゃなかった。自分とそんなに変わらない大きさなのに、明るくて人と仲良くできる子をまぶしく感じていた。特別なものを持ってるから自信がある子じゃなくて、持っていなくても自信がある子。私はそんな子に憧れる小学生でした。

当時から、幸せってそういうことだと感じてたんだと思う。

なにかを持っていなくても、それでＯＫ！　自分の手持ちのカードをうまく使って、自分を満たしていける。それが幸せだって。

だから今は自分のことを結構好きになれています。持っているものの中でガンガン幸せになっていけてるから、自分が好き。

1日中身体を動かして一生懸命働いて、仕事帰りに割引シールの貼られたお惣菜をたくさん買って、奮発してでかいビールも買って、家に帰って飲んで、「今日も私の人生最高だ！」と思える。私はこんな感じでずっと生きていきたい。

悩みが出てきても、それを乗り越えて成長して、家に帰ったらおいしいご飯とビールを胃に流し込み、「今日も成長できて最高だった！」と1日を締めたい。

どんなに大変なことが起きても、それは乗り越えれば成長で、達成感が味わえる。だから人生は面白い。

ドライバーだけじゃなく人生すらぺーぺーの22歳はそう思っています。

毎日安定して、「ご飯とビールがうまい！」で幸せに1日が終われるように、仕事も人間関係もファッションもメイクもダイエットもSNSも人生も、ぜーんぶめちゃくちゃ頑張って、ガンガン成長していくつもりです。

みなさん、そんなトラックめいめいをこれからもよろしくお願いします！

おわりに

ここまで読んでくださったみなさま、本当にありがとうございます。弱冠22歳の私の体験談でしたが、少しでもみなさんのプラスになればいいな、と思っています。

特別な人間ではなくて、むしろ低スペックで、順風満帆でも天真爛漫でもない私が、幸せに生きているのは、きっと行動力のおかげ。私をモデルにしていただいたドラマ『トラックガール』の中に「私は悩む前にもうすでに行動を開始しているだけ。悩みがないわけじゃない」というセリフがありましたが、まさにそれ！　そうなんですよ。悩みがなさそうだとよく言われますが、悩む時間を省略してはやく動き始めているだけなんです。

そのせいか、この本を読み返してみて、「私って忙しいやつだな」と改めて感じました(笑)。本文を書き終えてから時間を空けて、内容を振り返りつつこの「おわりに」を書いているのですが、実は私は今、東京ではなく北海道にいます。3社目になる会社に転職し、新たな物流を学んでいるところです。第5章で「発売されるころには別の運送会社にいるはず?」とか言っていたのは、今から2ヶ月ほど前なのですが、予定よりはやかったですね。このスピード感。忙しいやつだ(笑)。

こんな人生だから、自分の未来のことなんて全く想像できない。どんなチャンスがいつ来るかはわからないから、いきなり来るチャンスの波にうまく乗れるよう、日々準備のための努力と行動を続けていこうと思います。

この本を手にとったみなさまがちょっとでも元気になってくれればいいな、というのが私の本音です。

安定した生活を変えることにはエネルギーが必要。新たな挑戦をすればつらいことも悲しいこともある。一歩を踏み出すことが大変な人もたくさんいると思います。でも、私はずっとずっとその一歩を踏み出し続けていくつもり。きっと、死ぬまで。

だって、その疲れは、最高のツマミになるから。

その疲《つか》れは、最高《さいこう》のツマミになる。

2023年10月2日　初版発行

著　者　トラックめいめい

発行者　山下 直久

発　行　株式会社KADOKAWA
〒102-8177　東京都千代田区富士見2-13-3
電話0570-002-301（ナビダイヤル）

印刷所　大日本印刷株式会社

製本所　大日本印刷株式会社

●お問い合わせ
https://www.kadokawa.co.jp/（「お問い合わせ」へお進みください）
※内容によっては、お答えできない場合があります。
※サポートは日本国内のみとさせていただきます。
※Japanese text only

定価はカバーに表示してあります。

ISBN978-4-04-606563-6 C0095

めいめいの日々優勝

めいめいの代名詞でもある、仕事からの優勝！　2022年4月にX（旧Twitter）を開設し、今に至るまでの「優勝の日々」をほぼノーカットで掲載！　これで明日も頑張れる！

10万人突破
20万人突破
2022.9
2022.10

2022.11
2022.12
2023.1
長袖

2023.2
2023.
苺家みよし

2023.4
2023.5
30万人
突破
2023.6

2023.7
2023.8
そして優勝は続く……

その疲れは、
最高の
ツマミになる。

トラジクめいめい